トクとトクイになる! 小学ハイレベルワーク

6年 社会　もくじ

※本書に掲載の地図は，紙面の都合により一部の離島等を省略している場合があります。

【写真提供】アフロ／イメージマート／橿原市／京都国立博物館／京都市歴史資料館／宮内庁三の丸尚蔵館／国文学研究資料館／国立歴史民俗博物館／佐賀県／慈照寺／聖徳記念絵画館／さきたま史跡の博物館／新華社／東京都江戸東京博物館／徳川美術館／平等院／福岡市博物館／文化庁／毎日新聞社／山口県文書館／読売新聞／鹿苑寺／早稲田大学図書館／AP／ColBase／DNPartcom／ Image: TNM Image Archives／PIXTA

特別ふろく

1　巻末ふろく　しあげのテスト
2　WEBふろく　自動採点CBT

WEB CBT(Computer Based Testing)の利用方法
コンピュータを使用したテストです。パソコンで下記 WEB サイトへアクセスして，アクセスコードを入力してください。スマートフォンでのご利用はできません。

アクセスコード／ **Fsbbbb4a**
https://b-cbt.bunri.jp

この本の特長と使い方

この本の構成

標準レベル ✦

知識を確認し，実力をつけるためのステージです。
標準レベルの問題をまとめた構成になっています。資料
や図を参考にしながら問題に取り組んでみましょう。
「ノートにまとめる」では，覚えておきたい大切なポイ
ントをまとめています。

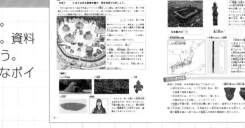

ハイレベル ✦✦

少し難度の高い問題で，応用力を養うためのステージで
す。
地図やグラフ，文章資料など，複数の資料を元に考えて
みましょう。文章で答える記述問題，図をかく問題など，
多彩でハイレベルな問題で構成しています。思考力ト
レーニングは，知識だけでは解けない，考える問題を掲
載しています。

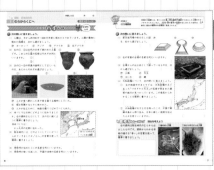

思考力育成問題

知識そのものだけで答えるのではなく，知識をどのよう
に活用すればよいのかを考えるためのステージです。
資料を見て考えたり，判断したりする問題で構成してい
ます。
知識の活用方法を積極的に試行錯誤することで，教科書
だけでは身につかない力を養うことができます。

特集 社会のはかせ

その章に関係のある内容を楽しくまとめた特集ページ
です。
より理解が深まり，社会の内容がもっと好きになるよ
うなことがらをとりあげています。
気になったことは，本やインターネットなどで調べ
て，さらに学びを深めていくと良いでしょう。

取りはずし式 答えと考え方

ていねいな解説で，解き方や考え方をしっかりと理解することができます。
まちがえた問題は，時間をおいてから，もう一度チャレンジしてみましょう。

『トクとトクイになる！小学ハイレベルワーク』は，教科書レベルの問題ではもの足りない，難しい問題にチャレンジしたいという方を対象としたシリーズです。段階別の構成で，無理なく力をのばすことができます。問題にじっくりと取り組む経験によって，知識や問題に取り組む力だけでなく，「考える力」「判断する力」「表現する力」の基礎も身につき，今後の学習をスムーズにします。

おもなコーナー

 学習内容に関連した豆知識をクイズ形式で紹介しています。答えたクイズはいろいろな人に紹介してみましょう。

ノートにまとめる 単元で学習する内容を，ノートの形式にまとめています。くり返し読んで，ポイントを確認しましょう。

思考力トレーニング 思考力・判断力・表現力を養う問題を取り上げています。図や資料を見ながら，答えをみちびきましょう。難しい問題には、ヒントもついています。

役立つふろくで，レベルアップ！

❶ トクとトクイに！ しあげのテスト

この本で学習した内容が確認できる，まとめのテストです。学習内容がどれくらい身についたか，力を試してみましょう。

❷ 一歩先のテストに挑戦！ 自動採点 CBT

コンピュータを使用したテストを体験することができます。専用サイトにアクセスして，テスト問題を解くと，自動採点によって得意なところ（分野）と苦手なところ（分野）がわかる成績表が出ます。

「CBT」とは？

「Computer Based Testing」の略称で，コンピュータを使用した試験方式のことです。受験，採点，結果のすべてがWEB上で行われます。
専用サイトにログイン後，もくじに記載されているアクセスコードを入力してください。

https://b-cbt.bunri.jp

※本サービスは無料ですが，別途各通信会社からの通信料がかかります。
※推奨動作環境：画角サイズ　10インチ以上　　横画面
　[PCのOS] Win10以降　　[タブレットのOS] iOS14以降
　[ブラウザ] Google Chrome（最新版）　Edge（最新版）　safari（最新版）
※お客様の端末およびインターネット環境によりご利用いただけない場合，当社は責任を負いかねます。
※本サービスは事前の予告なく，変更になる場合があります。ご理解，ご了承いただきますよう，お願いいたします。

1 むらからくにへ

標準 レベル ・・・・・・・・

トライ
しよう

1 人類の誕生から日本の大昔の様子について，調べ学習をしています。あとの資料
を見て，□□にあてはまる言葉を書き，表を完成させましょう。

今から約700万～600万年前にアフリカで誕生した人類は，時代が進むにつれて，狩りや採
集などを行いながら世界中に広がっていった。約1万年前に氷河時代が終わると，大陸とつな
がっていた陸地が海になり，現在の日本列島の形になった。

縄文時代

（想像図）

①│住居│に住み，狩りや採
集を行ってくらした。食料をにたり保管
したりするために厚手で縄目の文様の縄
文土器を使い，豊作などをいのるために
土偶がつくられた。②│　　│には食べ
終わった貝などが捨てられた。

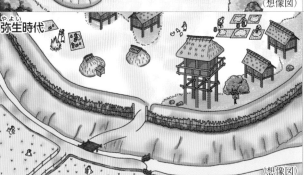

弥生時代

（想像図）

米づくりが行われ，稲は③│　　│
で収穫し，高床倉庫に収められた。道具
は薄手でかたい弥生土器が使われた。争
いに勝ったむらはまわりのむらを支配す
るくにとなり，邪馬台国の女王である
④│卑　　│のように，中国に使いを
送る王も現れた。

資料

▼たて穴住居

▼貝塚

▼土偶

▼石包丁

卑弥呼

わたしは，争いが続いた邪馬台国
を治めるため，女王になりました。
中国の魏に使いを送って，魏の皇帝
から「親魏倭王」の称号や金印，銅
鏡などをあたえられました。

もの知りクイズ

Q1 青森県つがる市の木造駅には，縄文時代の出土品の巨大なモチーフがかざられている。その出土品は何？　　　　　　　ア　鉄剣　　イ　土偶　　ウ　石包丁

Q2 漢の皇帝が奴国の王にあたえた金印は，現在の何県で発見された？

2 古墳が多くつくられた時代についてまとめています。次の説明を読んで，資料の□にあてはまる言葉を書きましょう。

▼大仙（仁徳陵）古墳

▼古墳からの出土品

大阪府堺市にある大仙（仁徳陵）古墳は，日本最大の前方後円墳である。当時の古墳には，はにわが並べられていた。王や豪族がほうむられた石室からは，鏡や勾玉，剣などが見つかっており，大きな権力を持っていたことがわかる。

日本最大の ① □前

武人形の ② □

▼前方後円墳の位置

※ 主な前方後円墳

③ 大□□地方

0　200km

▼古墳から出土した鉄剣

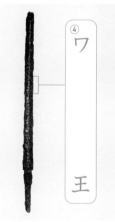

④ □ワ□王

大和地方の豪族を中心に成立した大和政権（大和朝廷）は，5〜6世紀ごろには，九州地方から東北地方南部の広い地域の王を従えた。埼玉県の稲荷山古墳や熊本県の江田船山古墳から出土した鉄剣や鉄刀には「ワカタケル大王」という王の名前が刻まれている。

ノートにまとめる

● 約1万年前，日本列島の形ができあがった。

　▶縄文時代の人々は，たて穴住居に住み，狩りや採集で食料を集めた。

　▶弥生時代には，米づくりが始まり，強いむらが周辺のむらを支配し，くにをつくった。

　→奴国は中国の漢，邪馬台国は魏に使いを送り，金印などがあたえられた。

▼縄文土器（左）と弥生土器（右）

● 大和政権（大和朝廷）は，九州地方から東北地方南部の王を従えた。また，中国や朝鮮半島から移り住んだ渡来人の技術を積極的に受け入れた。

学習した日　　月　　日

1 むらからくにへ

答え▶2ページ

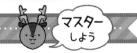

ハイレベル

マスターしよう

1 次の問いに答えましょう。

(1) 人類は，今から約700万～600万年前に現れたとされています。人類が最初に現れた地域を，次から選びましょう。　（　　）

㋐ ヨーロッパ　㋑ アジア　㋒ アフリカ　㋓ 北アメリカ

(2) 右の①，②は古代の日本で使われた土器です。これらの土器の名前はそれぞれ何といいますか。

①（　　　　　）

②（　　　　　）

①

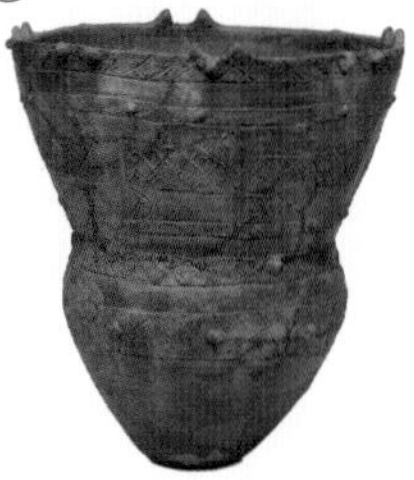

②

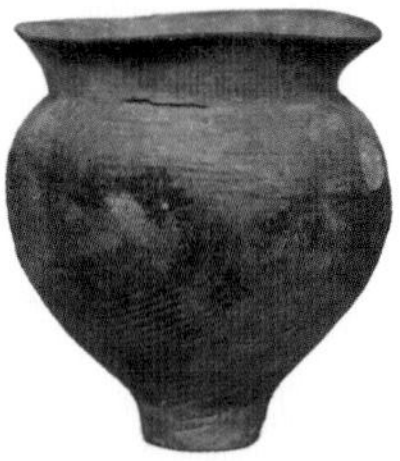

(3) 次の①～③の写真の説明として正しいものを，あとからそれぞれ選びましょう。

①（　　）

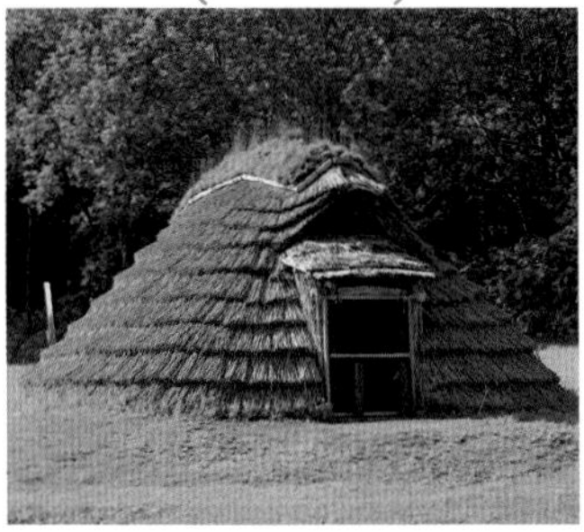

②（　　）

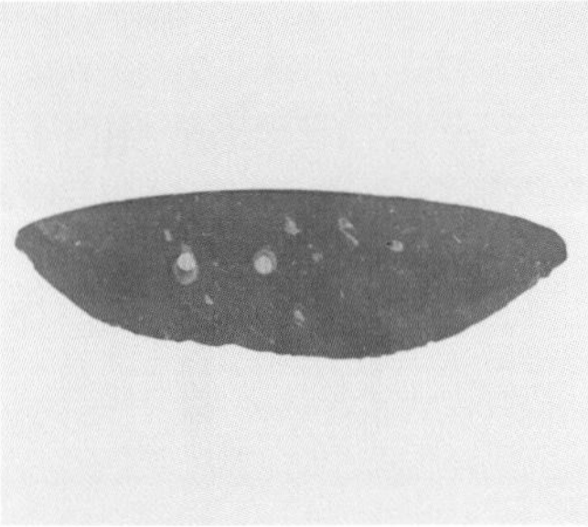

③（　　）

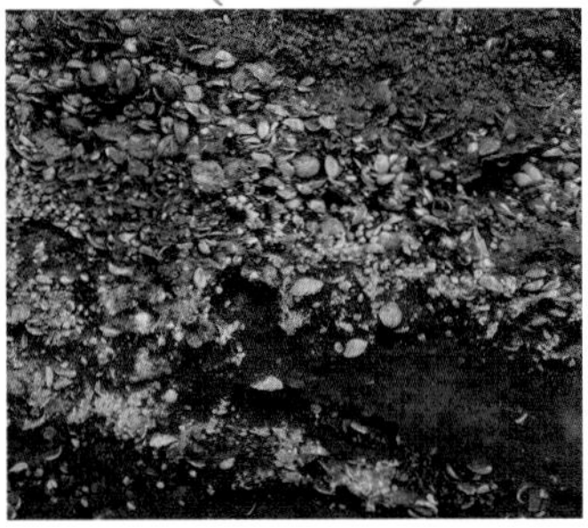

㋐ 人々が食べ終わった貝や魚を捨てる場所にしていた。

㋑ 稲を収穫するときに使われた。

㋒ 人々が住むために，地面を掘りくぼめてつくられた。

(4) 米づくりは日本にどのように伝わりましたか。右の資料をもとにして，次の文に続くように簡単に書きましょう。

●米づくりは（　　　　　　　　　　）から九州の北部に伝わった。

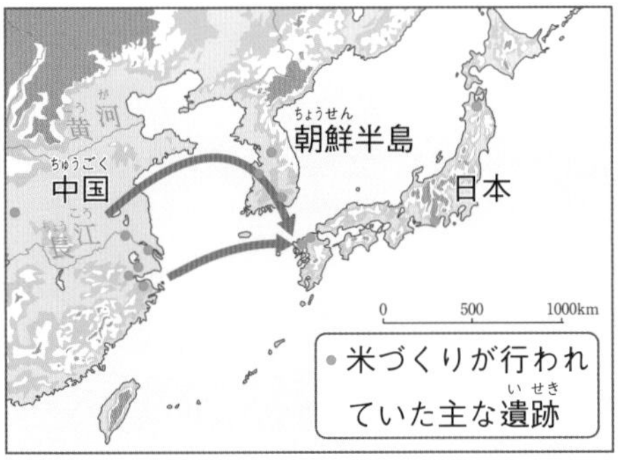
黄河
中国
長江
朝鮮半島
日本
0
500
1000km
米づくりが行われていた主な遺跡

(5) 弥生時代には，どのようにしてくにがつくられていきましたか。「むら」の言葉を使って，簡単に書きましょう。

（　　　　　　　　　　　　　　　　　　　　　）

(6) 卑弥呼が治めたくにの名前を何といいますか。　（　　　　　）

(7) 卑弥呼が使いを送った，中国の当時の名前を何といいますか。

（　　　　　）

もの知り?クイズの答え
[Q1] イ
[Q2] 福岡県

[Q1] 木造駅には，近くにある亀ヶ岡石器時代遺跡から出土した土偶のモチーフがかざられているよ。 [Q2] 漢の皇帝が奴国の王にあたえた金印は，江戸時代に現在の福岡市の志賀島で発見されたよ。

❷ 次の問いに答えましょう。

(1) 前方後円墳の形を示した図を，右から選びましょう。
（　　　）

㋐
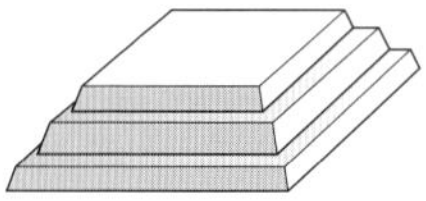
㋑
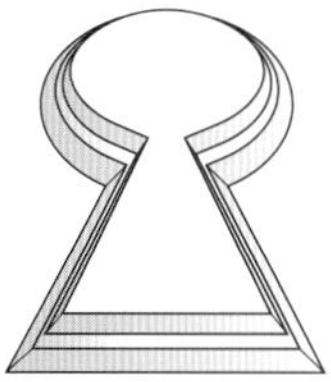
㋒
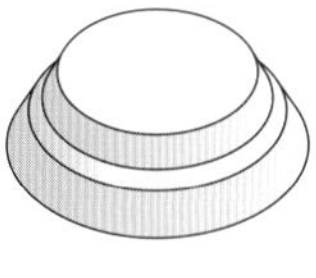

(2) 右の写真の古墳の名前を何といいますか。
（　　　　　）

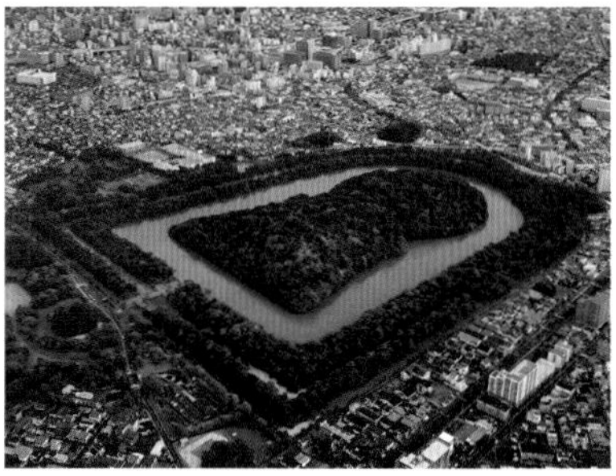

(3) 古墳からの出土品として誤っているものを，次から選びましょう。
（　　　）

㋐ 土偶　　㋑ 勾玉
㋒ はにわ　　㋓ 鏡

(4) 大和政権について，次の問いに答えましょう。

① 右の地図中のXとYでは，大和政権の王であった「ワカタケル大王」の名前が刻まれた鉄剣や鉄刀が見つかっています。この発見からわかることを簡単に書きましょう。
（　　　　　　　　　　）

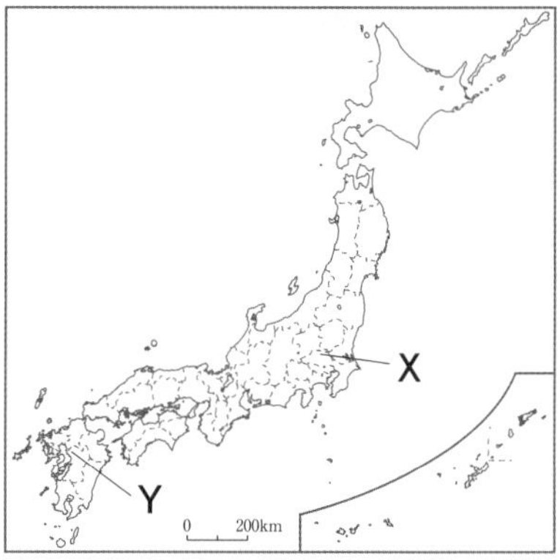

② 大和政権が大きな力を持ったころ，中国や朝鮮半島から移り住み，日本に新しい技術を伝えた人々を何といいますか。
（　　　　　）

思考力トレーニング　理由を考えよう

右の資料は弥生時代のむらから出土したものです。資料からわかる当時の様子を「争い」の言葉を使って，簡単に書きましょう。

▼首のない人骨
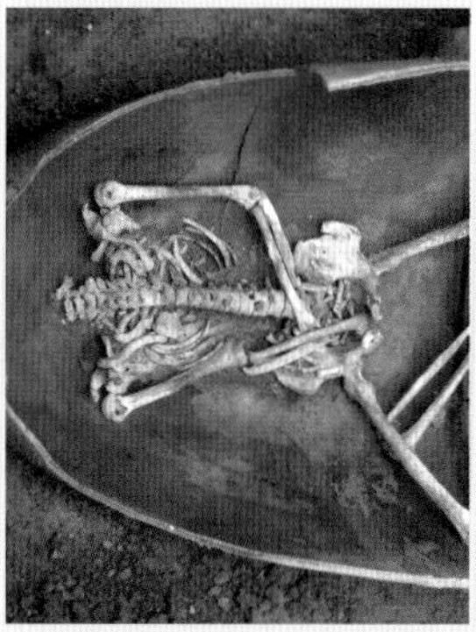

▼矢じりがささった人骨
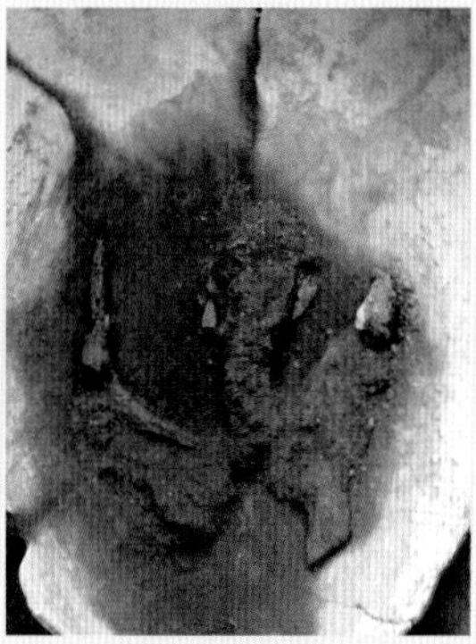

1章 歴史　日本の古代

答え▶3ページ

2 天皇中心の国づくり

・・・標準 レベル・・・

トライ
しよう

1 聖徳太子について，調べ学習をしています。あとの資料を見て，◯にあてはまる言葉を書き，年表を完成させましょう。

年	589	593	603	604	607	618	622
できごと	① ◯が中国を統一する	聖徳太子が政治に参加する	② ◯十二階を定める	③ 役人の心得を示した◯を定める	④ 遣◯を送る 法隆寺が建てられる	隋がほろび、唐がおこる	聖徳太子がなくなる（49才）
世紀	← ⑤ ◯ 世紀 →		← ⑥ ◯ 世紀 →				

資料

▼ 7世紀初めの東アジア

―― 遣隋使の交通路

黄河
長安
中国（隋）
飛鳥
あすか

0　　　1000km

わたしは推古天皇のもと，蘇我馬子と協力して政治を進め，天皇中心の国づくりを行いました。その中で，冠位十二階や十七条の憲法を定めました。また，当時の中国の文化や制度を積極的に学びました。

聖徳太子 (574〜622)

▼ 冠位十二階

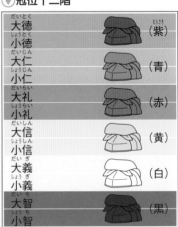

大徳 小徳		（紫）
大仁 小仁		（青）
大礼 小礼		（赤）
大信 小信		（黄）
大義 小義		（白）
大智 小智		（黒）

▼ 十七条の憲法

第1条　和をもって貴しとなし，さからうことなきを宗とせよ。（人の和を一番に考え，争わないようにしなさい。）

第2条　あつく三宝を敬え。三宝とは，仏，法，僧なり。（仏や仏の教え，僧を敬い，仏教を信仰しなさい。）

第3条　詔を受けたまわりてはかならずつつしめ。（天皇の命令は必ず守りなさい。）　　　（一部）

2 7～8世紀の日本の様子についてまとめています。あとの資料を見て，◯にあてはまる言葉を書き，年表を完成させましょう。

年	630	645	663	694	701
できごと	①◯に使いを送る（遣唐使（けんとうし））	大化（たいか）の改新（かいしん）が始まる	②◯氏をたおし、	③◯の戦い	④◯京ができる	大宝律令（たいほうりつりょう）ができる

なかのおおえのおうじ
中大兄皇子 (626～672)

権力（けんりょく）を独占（どくせん）する蘇我氏（そが）をたおし，天皇（てんのう）中心の政治をめざしました。百済（くだら）を助けるために，白村江（はくすきのえ）の戦いで大軍を送りましたが，唐（とう）と新羅（しらぎ）の軍に大敗しました。

資料

▽ 7世紀半ばの東アジア

高句麗（こうくり）／新羅（しらぎ）／大津（おおつ）／百済（くだら）／白村江（はくすきのえ）の戦い／唐（とう）／水城（みずき）／大野城（おおのじょう）／難波（なにわ）／倭（わ）（日本）／飛鳥（あすか）
0　400km

▽ 日本で最初の本格的な都
「藤原京（ふじわらきょう）」の様子（復元模型（もけい））

ノートにまとめる

● 聖徳太子（しょうとくたいし）（厩戸皇子（うまやどのおうじ））…6～7世紀に活やく。推古天皇（すいこてんのう）を助け，蘇我馬子（そがのうまこ）と協力した。仏教を広めようとした。
　▶ 遣隋使（けんずいし）…小野妹子（おののいもこ）らを隋（ずい）に送った。
　▶ 十七条（じゅうしちじょう）の憲法（けんぽう）・冠位十二階（かんいじゅうにかい）を定めた。

▽ 法隆寺（ほうりゅうじ）（奈良県斑鳩町（ならいかるが））

● 飛鳥（あすか）文化…寺や仏像などの仏教が土台になっている。中国（ちゅうごく），インドなどの影響（えいきょう）も見られる。

● 大化（たいか）の改新（かいしん）…中大兄皇子（なかのおおえのおうじ）（のちの天智天皇（てんじてんのう））と中臣鎌足（なかとみのかまたり）（のちの藤原鎌足（ふじわらのかまたり））が蘇我氏（そが）をたおして始めた政治改革（かいかく）。日本で初めての年号「大化（たいか）」が定められた。
　▶ 公地・公民（こうち・こうみん）…土地と人民はすべて天皇（てんのう）のものとする。
● 律令（りつりょう）…中国（ちゅうごく）にならった法律（ほうりつ）。刑罰（けいばつ）の決まりが律（りつ），政治の決まりが令（りょう）。

学習した日　　月　　日

2 天皇中心の国づくり

答え▶3ページ

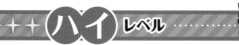

ハイレベル　マスターしよう

❶ 次の資料を見て，あとの問いに答えましょう。

資料1 天皇家の系図

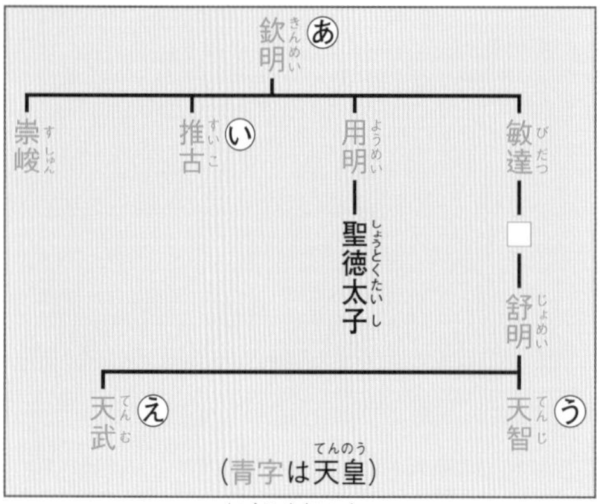

資料2 7世紀半ばの東アジア

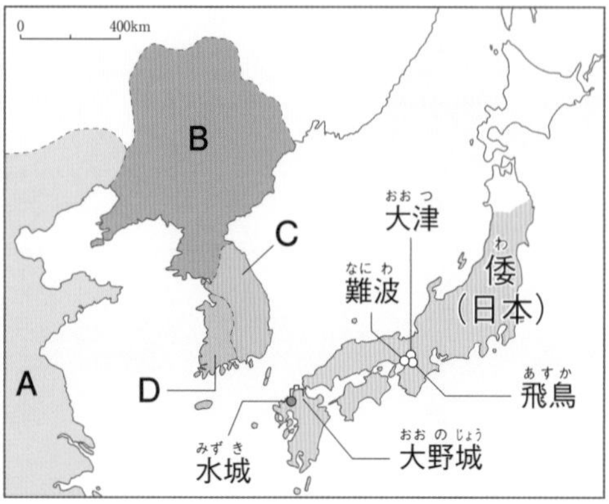

(1) 資料1中の聖徳太子について，次の問いに答えましょう。

① 聖徳太子とともに政治を行った豪族は何氏ですか。（　　　　）

② 聖徳太子が遣隋使として派遣した人物を，次から選びましょう。（　　）

㋐ 中大兄皇子　㋑ 中臣鎌足　㋒ 小野妹子

③ 聖徳太子が活やくしたころ，資料3のような制度がつくられた理由を，次の文に続くように簡単に書きましょう。

●家柄に関係なく，（　　　　　　　　）を役人として取り立てるため。

資料3

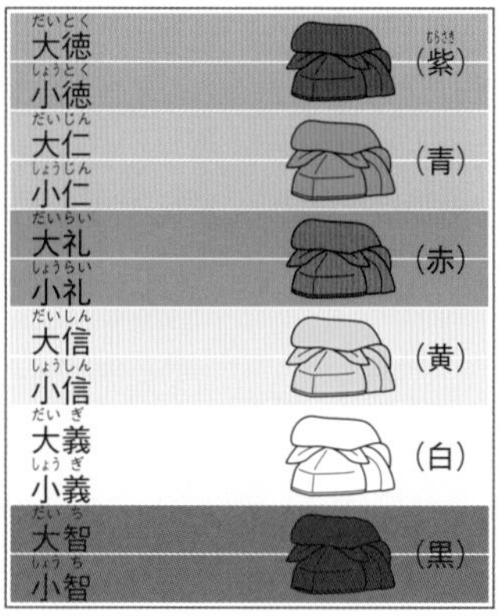

(2) 次の文にあてはまる天皇を，資料1中の[あ]～[え]からそれぞれ選びましょう。

① 聖徳太子によって政治を助けられた。（　　）

② 大化の改新を始めた。（　　）

(3) 資料2中のA～Dにあてはまる国名を，次からそれぞれ選びましょう。

A（　　）　B（　　）　C（　　）　D（　　）

㋐ 隋　㋑ 百済　㋒ 高句麗　㋓ 唐　㋔ 新羅

(4) 資料2中の水城や大野城は，中国や朝鮮からの侵攻に備えてつくられました。何という戦いのあとにつくられたものですか。

（　　　　）

(5) 聖徳太子の政治と，大化の改新に共通する国づくりの特ちょうを，「天皇」の言葉を使って簡単に書きましょう。

（　　　　　　　　　　　　　　　　）

もの知り？クイズ の答え

Q1 イ
Q2 長安（ちょうあん）

Q1 聖徳太子は，日本のお札に最も多く使用されている人物だよ。
Q2 藤原京（ふじわらきょう）や平城京（へいじょうきょう）は，長安（ちょうあん）にならって，道が碁盤（ごばん）の目のように区切られていたよ。

2 右の資料を見て，次の問いに答えましょう。

(1) 資料1の十七条（じゅうしちじょう）の憲法（けんぽう）を見て，次の問いに答えましょう。

① この憲法（けんぽう）では何という宗教（しゅうきょう）を信じるように求めていますか。

（　　　　　　　　　　　）

② この憲法（けんぽう）が何のために定められたものか，簡単（かんたん）に書きましょう。

（　　　　　　　　　　　　　　　　　　　　　）

資料1

第1条　人の和を一番に考え，争わないようにしなさい。
第2条　三宝（さんぼう）をあつく敬（うや）いなさい。
第3条　天皇（てんのう）の命令は必ず守りなさい。

（一部要約）

(2) 資料2は，聖徳太子（しょうとくたいし）が遣隋使（けんずいし）に持たせた手紙の一部です。この手紙から，どのような立場で日本が中国（ちゅうごく）と交際しようとしたと考えられますか。簡単（かんたん）に書きましょう。

（　　　　　　　　　　　　　　　　　　　　　）

資料2

日がのぼる国の天子，国書を日がしずむ国の天子に届（とど）けます。（一部要約）

(3) 右の写真とあとの文を見て，①・②にあてはまる名前をそれぞれ書きましょう。

① （　　　　　　　　　）
② （　　　　　　　　　）

① 聖徳太子（しょうとくたいし）が建てたとされる寺
② 天智天皇（てんじてんのう）の死後に完成した，日本で最初の本格的な都

 思考力トレーニング　問題を考えよう

あとの答えになる問題文を考えてみましょう。

```
┌─────────────────────────────────┐
│                                 │
│                                 │
│                                 │
│                                 │
│                                 │
│                                 │
└─────────────────────────────────┘
```

！ヒント

「〜ため。」という答えなので，理由をたずねる問題と考えられるね。

答え　隋（ずい）の進んだ制度や文化を取り入れるため。

11

答え▶4ページ

3 仏教で国を治める

標準 レベル

トライ
しよう

1 奈良時代の政治のしくみについて，調べ学習をしています。あとの資料を見て，□にあてはまる言葉を書き，年表と表を完成させましょう。

年	630		710	743
できごと	中国の唐に派遣され始める　①[　]が	8世紀以降，いた国家のしくみが整えられる　②[　]にもとづ	奈良に都置かれる　③平[　]が	墾田永年私財法が出される
世紀	◀7世紀▶	◀	8世紀	▶

▼奈良時代の税制

税の名前	税の内容
④[　]	口分田の広さに応じて，米の収穫量の約3％を納める。
調	絹や糸，真綿などの地方の特産物を納める。
庸	1年に10日都で働くか，代わりに布を納める。
雑徭	1年に60日以内の期間，地方で働く。
兵役	都の衛士や北九州の防人など，兵士として守りにつく。

資料

▼律令にもとづいた役所のしくみ

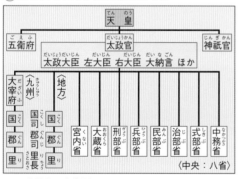

▼遣唐使の航路

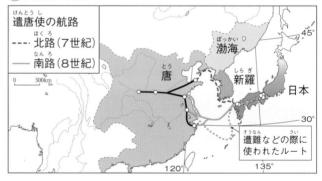

▼平城京の朱雀門 (復元)

　律令制度ができると，人々は国から口分田と呼ばれる土地があたえられましたが，「租」などの重い負担がありました。口分田が不足すると，朝廷は「墾田永年私財法」を出して，山林などの土地を開いて新しく農地をつくること (開墾) を人々にすすめました。

もの知り？クイズ

Q1 仏教の伝来とともに，中国から日本にやってきた動物は？　ア　犬　イ　ネコ　ウ　牛

Q2 「万葉集」にある歌が由来になっている日本の年号（元号）は？

　　　ア　昭和　イ　平成　ウ　令和

2 聖武天皇の時代の仏教や文化などについてまとめています。資料を見て，次の表を完成させましょう。

奈良時代の仏教	・聖武天皇…仏教の力で国を守るため，奈良の ① 　寺　 に大仏をつくり，全国各地に国分寺，国分尼寺を建てた。 ・ ② 　…人々のために橋や道などをつくりながら，仏教を広めた。 ・鑑真…唐から来日し，唐招提寺を開いた。
天平文化	聖武天皇のころに栄えた国際色豊かな文化。 ①の ③ 　院　 には，遣唐使がもたらした西アジアなどの品物が納められている。
歴史書と和歌集	「古事記」・「日本書紀」…日本の神話や伝承，記録などをもとにつくられた歴史書。 「風土記」…国ごとの自然や産物，伝承などをまとめた書物。 「 ④ 　」…大伴家持がまとめた和歌集。防人や農民の歌も収められた。

資料

▼東大寺の大仏

▼「万葉集」に収められた防人の歌

から衣すそに取りつき
泣く子らを
おきてぞ来ぬや母なしにして

▼東大寺にある正倉院

行基（668〜749）

わたしは人々のために橋や道をつくりながら，仏教の教えを広めていました。また，聖武天皇の大仏づくりに協力して，多くの人々を集めました。

ノートにまとめる

● 701年に大宝律令が定められ，律令国家のしくみが整えられた。
　▶政治を行う太政官や実務を行う八省，九州を守る大宰府などが置かれた。
● 口分田が不足すると墾田永年私財法が定められ，開墾した土地は税を納めればいつまでも自分のものにできるようになった。
　→貴族や寺院が大規模な開墾をして，私有地（荘園）を持つようになった。
● 聖武天皇のころ，国際色豊かな天平文化が栄えた。

3 仏教で国を治める

答え▶4ページ

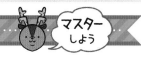

ハイレベル　マスターしよう

1 次の問いに答えましょう。

(1) 右の資料1は，奈良時代の役所のしくみを示しています。資料を見て，次の問いに答えましょう。

① 資料1のようなしくみは701年に定められた決まりにもとづいています。この決まりを何といいますか。（　　　　）

② 資料1中のA～Cにあてはまる正しい言葉の組み合わせを，次から選びましょう。（　　）

㋐ A－大宰府　B－太政官　C－天皇
㋑ A－太政官　B－大宰府　C－天皇
㋒ A－天皇　B－太政官　C－大宰府
㋓ A－太政官　B－天皇　C－大宰府

資料1

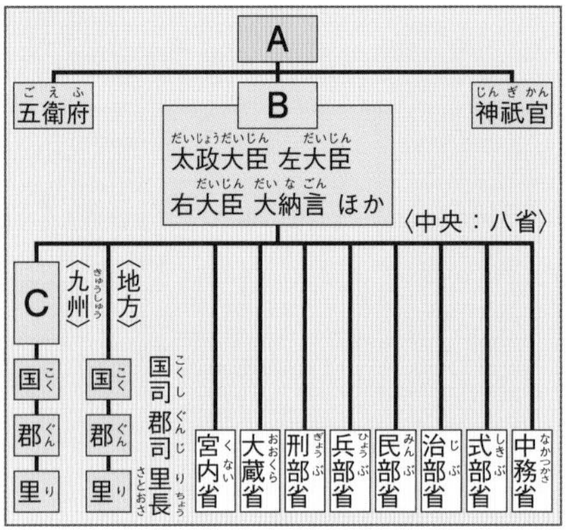

(2) 710年に平城京が置かれた場所は，現在の何県ですか。（　　　　）

(3) 奈良時代の税制について，租と調の説明を次からそれぞれ選びましょう。

租（　　）　調（　　）

㋐ 絹や糸，真綿などの地方の特産物を納める。
㋑ 兵士となって都や九州の守りにつく。
㋒ 口分田の広さに従って，米の収穫量の約3％を納める。
㋓ 1年に10日都で働くか，代わりに布を納める。

(4) 右の資料2は墾田永年私財法について書かれた文章です。資料2からわかる墾田永年私財法の目的を簡単に書きましょう。

（　　　　　　　　　　　　）

資料2

これまでの規定では，開墾した土地は，期限がくれば国に収めることになっていた。しかし，これでは農民は開墾する意欲を失い，開墾した土地もすぐにあれ果ててしまうことになる。

今後は開墾した土地は，自分のものにして，永久に国に収めなくてもよいこととする。

（「続日本紀」を一部要約）

(5) 墾田永年私財法が出されたあとに見られるようになった，貴族や寺院の私有地を何といいますか。（　　　　）

もの知りクイズの答え

[Q1] イ
[Q2] ウ

[Q1] 仏教などに関係する大事な書物をネズミから守る役割があったとされているよ。
[Q2]「万葉集」にある「梅花の歌」にそえられた序文からとられた言葉だよ。

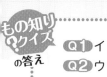

2 次の問いに答えましょう。

(1) 資料1は聖武天皇が建てた寺の分布です。これを見て，次の問いに答えましょう。

資料1

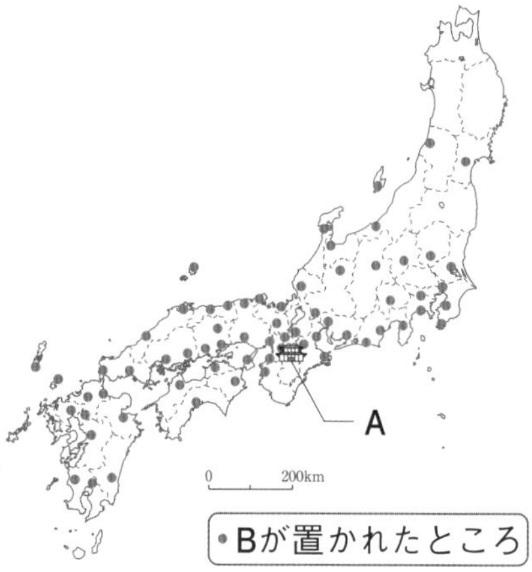
A
0
200km
•Bが置かれたところ

① 資料1のA・Bにあてはまる寺の名前をそれぞれ3字で書きましょう。

A（　　　　　　）
B（　　　　　　）

② 聖武天皇が資料1のように多くの寺を建てた理由を，簡単に書きましょう。

（　　　　　　　　　　　　）

(2) 中国から来日した鑑真が開いた寺を何といいますか。（　　　　　　）

(3) 次の①・②の奈良時代の書物をそれぞれ何といいますか。

①（　　　　　　）　②（　　　　　　）

① 国ごとに自然や特産物，伝承などをまとめた本。
② 日本の神話，伝承，記録などを「古事記」とともにまとめた本。

(4) 資料2は「万葉集」に収められた歌の一つです。この歌はどのような人によって歌われたものか，簡単に書きましょう。

資料2 防人の歌

から衣すそに取りつき
泣く子らを
おきてぞ来ぬや母なしにして

（　　　　　　　　　　　　）

思考力トレーニング　ふさわしい資料を考えよう

天平文化が国際色豊かだった理由を説明するときに使う資料として最もふさわしいものを，次から選びましょう。［　　　］

㋐ 平城京の朱雀門（復元）

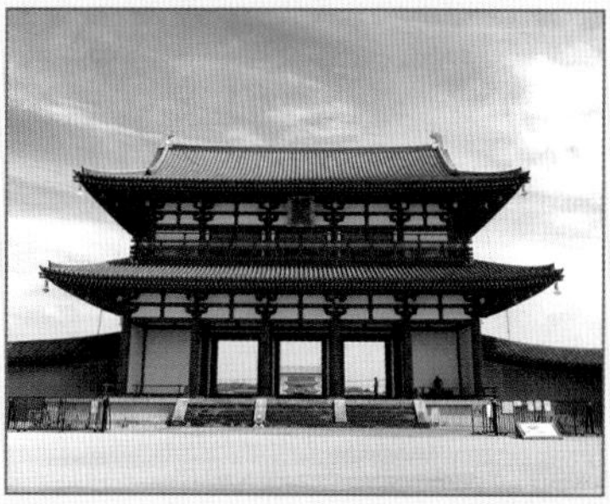

㋑ 遣唐使船

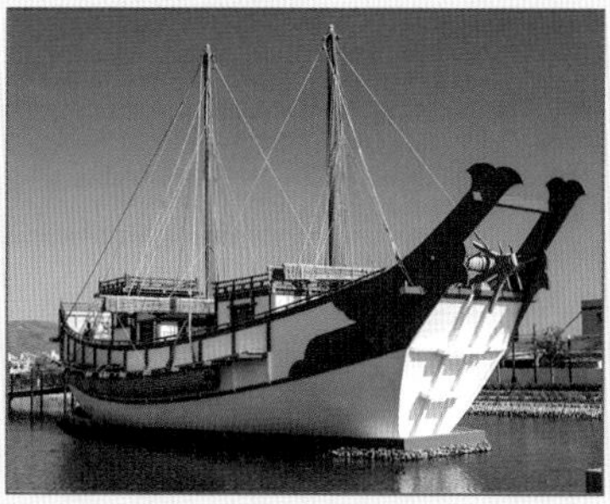

㋒ 金印

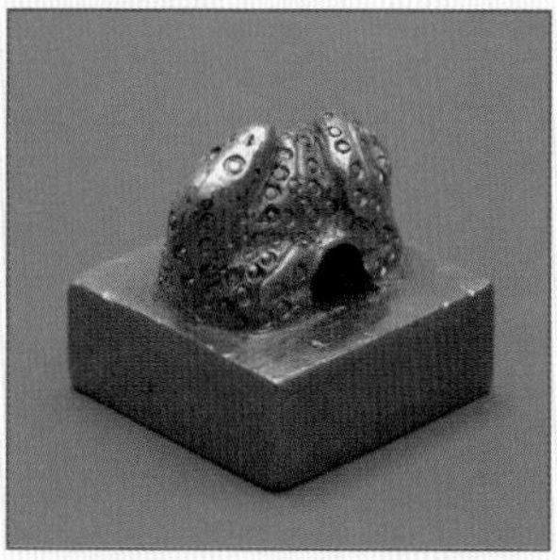

学習した日　　　月　　　日

答え▶5ページ

4 貴族中心の時代

・・・◆・◆・★ 標準 レベル ・・・・・・・・  トライしよう

1 平安時代と貴族の政治について，調べ学習をしています。あとの資料を見て，□にあてはまる言葉を書き，年表を完成させましょう。

年	794		894	907	1016
できごと	桓武天皇によって、京都に都（①平　）が置かれる	8世紀末〜9世紀、坂上田村麻呂が蝦夷（東北地方の朝廷に従わなかった人々）と戦う	9世紀半ばごろから、藤原氏が権力を持ち始める　↓このころから日本風の文化が栄え始める	②　のうったえで遣唐使が停止される	中国の③　がほろびる	④長　が摂政（幼い天皇や女性の天皇の代わりに政治を行う役職）となる　⑤摂　政治が最盛期をむかえる
世紀	← 8世紀 →		← 9世紀 →	←10世紀→	←11世紀→

資料

▼平安京の様子（復元模型）

菅原道真（845〜903）

わたしは，唐がおとろえたことや，行き来に危険があることから，遣唐使の延期をうったえました。その後，藤原氏と対立して，大宰府に追放されてしまいました。

藤原道長（966〜1027）

わたしの一族は，右の図のように，自分の娘を天皇のきさきにして，生まれた子どもを次の天皇にしました。天皇が子どものときは「摂政」として代わりに政治を行い，大人になったら「関白」として助けました。これを「摂関政治」といいます。

▼天皇家と藤原氏の系図（一部）

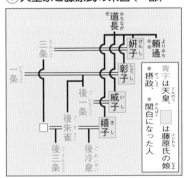

もの知り？クイズ

Q1 菅原道真が都から追放されるときによんだ歌「東風吹かば にほひをこせよ ☐の花 あるじなしとて春な忘れそ」の ☐ にあてはまる花は何？ 　ア 桜　イ 菊　ウ 梅

Q2 「弘法にも筆の誤り」ということわざの，弘法とはだれのこと？

2 平安時代の日本風の文化（国風文化）と宗教についてまとめています。資料を見て，次の表を完成させましょう。

貴族のくらし	広い庭や池がある ① ☐造☐ のやしきに住んだ。また，和歌や蹴鞠に親しみ，男性は束帯，女性は十二単と呼ばれる服装をした。1年を通して決まった時期に年中行事を行った。
文学	② ☐文字☐ を使って，紫式部は「③ ☐源☐ 」，清少納言は「枕草子」を書いた。
宗教	最澄は延暦寺で天台宗を広め，空海は金剛峯寺で真言宗を広めた。また，念仏を唱え，死後に極楽浄土に生まれ変わることを願う ④ ☐仰☐ が広まり，各地に阿弥陀堂が建てられた。

資料

▼寝殿造のやしき（復元模型）

▼漢字からかな文字への変化

安→安→あ	阿→ア
以→以→い	伊→イ
宇→宇→う	宇→ウ

▼浄土信仰にもとづいて建てられた平等院鳳凰堂

▼「源氏物語絵巻」

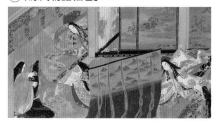

ノートにまとめる

● 平安京…現在の京都市にあった。794年に桓武天皇が都を移し，平安時代が始まった。
　▶摂関政治は藤原道長のときに全盛期をむかえた。

● 遣唐使が停止されたころから貴族を中心に日本風の文化（国風文化）が栄えた。和歌や蹴鞠，年中行事などがさかんになった。

● 9世紀以降，貴族の間では天台宗や真言宗などの新しい仏教が広まった。また，10世紀半ばごろから浄土信仰が広まった。

▼藤原道長がよんだ歌

この世をば　わが世とぞ思ふ
もち月の　かけたることも
なしと思へば

4 貴族中心の時代

答え▶5ページ

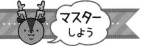

ハイレベル　マスターしよう

❶ 次の問いに答えましょう。

(1) 平安京について，次の問いに答えましょう。

① 794年に平安京に都を移した人物を，次から選びましょう。（　　）

㋐ 聖武天皇　㋑ 桓武天皇

㋒ 推古天皇　㋓ 仁徳天皇

② 平安京の位置を右の地図中のA～Dから選びましょう。（　　）

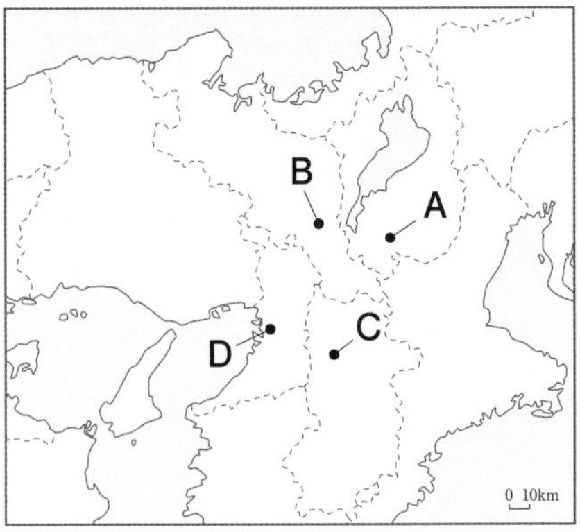

(2) 8世紀末から9世紀にかけて征夷大将軍として蝦夷（東北地方の朝廷に従わなかった人々）と戦った人物はだれですか。（　　）

(3) 894年に菅原道真は遣唐使の延期をうったえました。その理由を次から2つ選びましょう。（　　）（　　）

㋐ 日本各地で災害や反乱が起こっていたから。

㋑ 日本と唐を船で往来するのはとても危険なことだったから。

㋒ 唐が戦乱などによっておとろえていたから。

㋓ 多くの貴族が遣唐使の派遣に反対していたから。

㋔ 日本風の文化が発展していたから。

(4) 藤原氏の政治について，次の問いに答えましょう。

① 右の図のA・Bにはそれぞれ朝廷の役職が入ります。あとの文を読んで，あてはまる役職名をそれぞれ書きましょう。

A（　　　）

B（　　　）

A　天皇が子どもや女性のときに代わりに政治を行う役職。

B　大人になった天皇の政治を助ける役職。

▼天皇家と藤原氏の系図（一部）

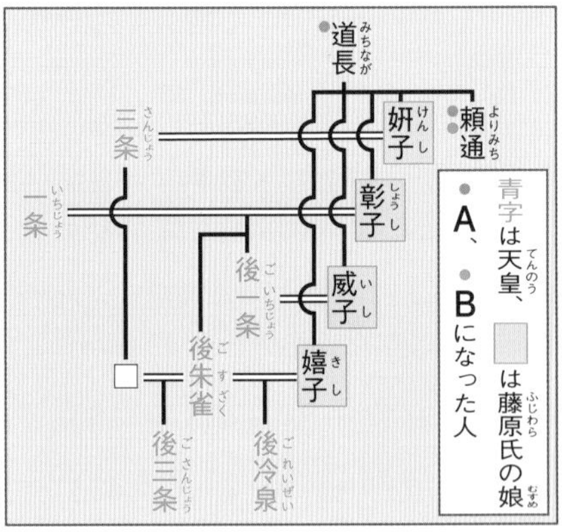

② 藤原氏は天皇とのつながりを強くすることで大きな権力を持ちました。藤原氏はどのようにして天皇とのつながりを強くしましたか。右上の図からわかることをもとに「娘」の言葉を使って簡単に書きましょう。

（　　　　　　　　　　　　　　　　）

もの知り
クイズ
の答え

Q1 ウ
Q2 空海（くうかい）

Q1 都からはなれる菅原道真（すがわらのみちざね）が，大切にしていた梅の木を思ってよんだ歌だよ。　**Q2** 弘法（大師）（こうぼうだいし）とは，空海の死後におくられた名前で，「どんな名人でも失敗をすることはある」という意味のことわざだよ。

② 次の問いに答えましょう。

(1) 資料1を見て，次の問いに答えましょう。

資料1

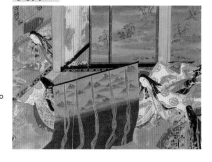

① 資料1は平安（へいあん）時代にかな文字で書かれ，今では世界的に読まれている物語の場面をかいた絵巻物（まきもの）の一部です。この物語の作者はだれですか。

（　　　　　）

② ①の人物と同時期にかな文字で「枕草子」（まくらのそうし）を書いた人物はだれですか。（　　　　　）

③ 資料1にもかかれている貴族（きぞく）の生活について誤（あやま）って述べたものを，次から選びましょう。　　　（　　　）

　㋐　広い庭や池のあるやしきに住み，和歌や蹴鞠（けまり）を楽しんだ。

　㋑　1年の決まった時期に七夕（たなばた）や端午（たんご）の節句などの年中行事を行った。

　㋒　人々が税として納（おさ）めたものを材料として，質素な食事をしていた。

(2) 右の表は平安（へいあん）時代に広まった新しい仏教についてまとめたものです。A，Bにあてはまる組み合わせを，次から選びましょう。（　　　）

宗教（しゅうきょう）	天台宗（てんだいしゅう）	真言宗（しんごんしゅう）
始めた人物	（ A ）	空海（くうかい）
主な寺	延暦寺（えんりゃくじ）	（ B ）

　㋐　A—鑑真（がんじん）　B—東大寺（とうだいじ）　　㋑　A—最澄（さいちょう）　B—東大寺（とうだいじ）

　㋒　A—鑑真（がんじん）　B—金剛峯寺（こんごうぶじ）　　㋓　A—最澄（さいちょう）　B—金剛峯寺（こんごうぶじ）

(3) 資料2はある信仰（しんこう）にもとづいて建てられました。この信仰（しんこう）について，「念仏」の言葉を使って説明しましょう。

資料2

（

　

）

💡**思考力トレーニング**　問題を考えよう

あとの答えになるように，右の資料を使った問題文を考えてみましょう。

資料

この世をば
わが世とぞ思ふ（う）
もち月の
かけたることも
なしと思へ（え）ば

！ヒント

資料はだれの作品かな？また，どのような意味なのだろう？

答え　自分の思うままに世の中を動かせることをほこる気持ち。

答え▶6ページ

5 武士による政治

標準レベル ・・・・・ トライしよう

1 武士による政治が成立した時代について，調べ学習をしています。あとの資料を見て，□□にあてはまる言葉を書き，年表を完成させましょう。

年		1156	1159	1167	1185	1192
できごと	10世紀以降、各地に ① 団 ができ、源氏と平氏が力を持つ	保元の乱が起こる	② の乱が起こる	③ が太政大臣（朝廷の最高の役職）になる	源義経が ④ 壇 の戦いで平氏をほろぼす / 全国に守護と地頭が設置される	⑤ 源 が朝廷から征夷大将軍に任命される
時代	◀――――――――――― 平安時代 ―――――――――――▶				◀― 鎌倉時代 ―▶	

資料

▼平治の乱の様子

わたしは，有力な武士団の平氏を率いて，平治の乱に勝ち，武士で初めて太政大臣になりました。そして，娘を天皇のきさきにし，中国（宋）との貿易を進めました。

平清盛 (1118〜1181)

▼源氏と平氏の戦い

―― 源氏の進路
✕ 主な戦い
1185年 戦いがあった年
壇ノ浦の戦い 1185年
京都　木曽　鎌倉
福原
一ノ谷の戦い 1184年
屋島の戦い 1185年
0　200km

源 義経 (1159〜1189)

わたしは，兄である源頼朝に協力する形で，源氏軍を率いて平氏軍と戦いました。一ノ谷の戦いや屋島の戦いで平氏を破り，ついには壇ノ浦の戦いで平氏をほろぼしました。

もの知り？クイズ

Q1 平清盛が宋との貿易のために整備した港の大輪田泊は，現在の何市にあった？

ア 大阪市　イ 神戸市　ウ 広島市

Q2 鎌倉と各地を結ぶ交通のためにつくられた，山を切り開いた道を何という？

2 鎌倉幕府のしくみについてまとめています。次の人物の説明を読んで，資料1・2を完成させましょう。

資料1

▼鎌倉幕府のしくみ

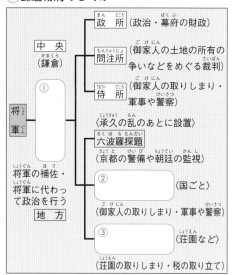

中央（鎌倉）
政所（政治・幕府の財政）
問注所（御家人の土地の所有の争いなどをめぐる裁判）
侍所（御家人の取りしまり・軍事や警察）
〈承久の乱のあとに設置〉
六波羅探題（京都の警備や朝廷の監視）

将軍
将軍の補佐・将軍に代わって政治を行う

地方
② 〈国ごと〉（御家人の取りしまり・軍事や警察）
③ 〈荘園など〉（荘園の取りしまり・税の取り立て）

源 頼朝 (1147〜1199)

わたしは，三方を山，一方を海に囲まれ，敵から守りやすい地形である鎌倉に幕府を開きました。地方には国ごとに守護，荘園などに地頭を配置し，御家人の取りしまりや税の取り立てなどを行わせました。また，幕府には将軍を助ける執権の役職が置かれました。

資料2

▼将軍と武士 (御家人) の関係

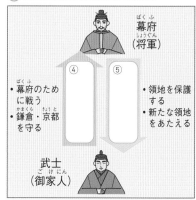

幕府（将軍）

④
・幕府のために戦う
・鎌倉・京都を守る

⑤
・領地を保護する
・新たな領地をあたえる

武士（御家人）

北条政子 (1157〜1225)
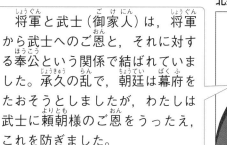

将軍と武士（御家人）は，将軍から武士へのご恩と，それに対する奉公という関係で結ばれていました。承久の乱で，朝廷は幕府をたおそうとしましたが，わたしは武士に頼朝様のご恩をうったえ，これを防ぎました。

ノートにまとめる

🔹 10世紀以降，朝廷や貴族に仕えた武士が成長した。

　▶有力な武士団は東日本の源氏と西日本の平氏。

　▶平清盛は武士で初めて太政大臣となり，中国（宋）との貿易を進めた。

🔹 源義経の活やくで平氏をほろぼしたあと，源頼朝は鎌倉に幕府を開いた。将軍と武士（御家人）はご恩と奉公の関係で結ばれた。

🔹 北条政子が中心となって承久の乱に勝利した幕府は，西国への支配を強めた。執権の北条氏を中心に政治を行い，武士の法律として「御成敗式目」を定めた。

▼平清盛が信仰した厳島神社

5 武士による政治

答え▶6ページ

標準 レベル　　トライしよう

1 鎌倉時代の文化や仏教などについてまとめています。資料を見て次の表を完成させましょう。

武士のくらし	やかたは，堀や垣根に囲まれ，物見やぐらもあった。武士は，戦いにそなえて① _____ の訓練などを行っていた。
社会の様子	農業では，米と麦を同じ畑で交互につくる二毛作が始まった。また，② ___市___ が寺社の門前などで開かれた。
文化	東大寺南大門の③ 金剛 _____ のような，力強い仏像が運慶らによってつくられた。文学では，「④ 平 _____ 」が琵琶法師によって広められた。
宗教	民衆にもわかりやすい仏教が広まった。 ・⑤ _____ …浄土宗を開いた。 ・親鸞…⑤の弟子で，浄土真宗を開いた。 ・一遍…時宗を開いた。 ・日蓮…日蓮宗を開いた。 ・栄西…臨済宗（禅宗の一派）を開いた。 ・道元…曹洞宗（禅宗の一派）を開いた。

資料

▼武芸の訓練の様子

▼東大寺南大門の金剛力士像

▼定期市の様子

▼「平家物語」（冒頭部分）　琵琶法師▶

祇園精舎の鐘の声，
諸行無常の響きあり，
娑羅双樹の花の色，
盛者必衰のことわりをあらわす。
おごれる人も久しからず，……

▼鎌倉時代の仏教

宗教	開いた人物	主に信じた人
浄土宗	法然	貴族，武士，民衆
浄土真宗	親鸞	民衆，地方の武士
時宗	一遍	
日蓮宗	日蓮	関東地方の武士，商工業者
臨済宗	栄西	貴族，幕府の高い地位にいる人
曹洞宗	道元	北陸地方の武士

Q3 鎌倉時代の武士の多くが飼っていた動物は何？

　　ア　ネコ　　イ　サル　　ウ　牛

Q4 元が日本に襲来したときの元の皇帝はだれ？

2 元の建国から鎌倉幕府がほろぶまでの時期について，調べ学習をしています。あとの資料を見て，□にあてはまる言葉を書き，年表を完成させましょう。

年	1274・1281	1297	1333	
できごと	13世紀、モンゴル人が中国を支配し、①□という国ができる	二度にわたり①の軍が九州北部にせめてくる（②□寇）	生活にこまった武士のために、③□永仁の□が出される	鎌倉幕府がほろびる

資料

▽モンゴルの広がり

モンゴルの範囲
元
大都　高麗　博多
0　2000km

▽元がせめてきたときの様子

北条時宗（1251～1284）

元は二度にわたり日本にせめてきました（元寇）。元は，集団戦法や，火薬兵器の「てつはう」などによって武士たちを苦しめましたが，われわれは防塁（石塁）をつくるなどして対抗しました。

▽永仁の徳政令

● 御家人の領地の売り買いや質入れは，今後は禁止する。
● 御家人から土地を買った者は，土地を返さなければならない。　（一部要約）

ノートにまとめる

● 鎌倉時代には，武士の好みを反映した，わかりやすく力強い文化が栄えた。
　▶ 新しい仏教として，法然の浄土宗などが生まれた。
● 13世紀，中国の元は，日本を従えようと使者を送った。→執権北条時宗は，これを退けた。→元軍が日本に襲来した（元寇）。
　▶ 1回目の文永の役で元軍に苦しめられた日本の武士は，海岸に防塁（石塁）をつくった。→2回目の弘安の役で，元軍は暴風雨などにあって引き上げた。
● 元寇の戦いで幕府からほうびをもらえなかった武士たちは，幕府に不満を持つようになった。

▽防塁（石塁）跡

5 武士による政治

答え▶6ページ

★★★ ハイ レベル　マスターしよう

① 右の地図を見て，次の問いに答えましょう。

(1) 地図中の京都で起きた平治の乱に勝利した平清盛が，1167年に武士で初めてついた朝廷の役職を何といいますか。

（　　　　　　　　）

▼ 源氏と平氏の戦い

✕ 主な戦い

鎌倉　京都　ウ　ア　イ　X

0　200km

(2) (1)の役職についたあと，平氏の力を強めるため平清盛が行ったことを，次から2つ選びましょう。

（　　　）（　　　）

㋐　自分の娘を天皇のきさきにした。

㋑　保元の乱で源氏と戦った。

㋒　中国（宋）との貿易をおしすすめた。

㋓　東大寺の大仏をつくった。

㋔　天皇中心の国づくりを進めた。

(3) 地図中のXには，平清盛が厚く信仰した神社があります。この神社を何といいますか。

（　　　　　　　　）

(4) 源義経は，一ノ谷の戦い，屋島の戦いに勝利し，壇ノ浦の戦いで平氏をほろぼしました。それぞれの戦いを地図中の㋐〜㋒から選び，戦いの起きた順に並べましょう。

（　　　）→（　　　）→（　　　）

(5) 地図中の鎌倉について，次の問いに答えましょう。

① 資料1は，源頼朝が鎌倉に開いた幕府のしくみを示しています。次の説明はどの役職の説明ですか。資料1中の㋐〜㋒から選びましょう。

（　　　）

●国ごとに置かれた御家人の取りしまりや，軍事について担当する役職である。

資料1 鎌倉幕府のしくみ

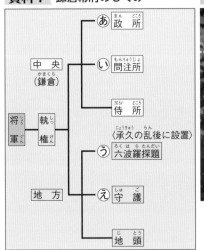

中央（鎌倉）　将軍　執権

㋐ 政所

㋑ 問注所

㋒ 侍所

〈承久の乱後に設置〉

㋒ 六波羅探題

地方

㋔ 守護

地頭

資料2 鎌倉幕府の位置

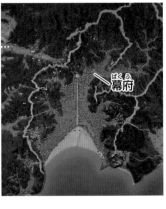

幕府

② 資料2は鎌倉の様子を示しています。資料2からわかる，源頼朝が鎌倉に本拠地を置いた理由を，「敵」の言葉を使って簡単に書きましょう。

（　　　　　　　　　　　　　　　　）

もの知りクイズの答え

Q1 イ　Q2 切通し
Q3 イ
Q4 フビライ・ハン

Q1 大輪田泊は兵庫県神戸市にあったといわれる港で，現在の神戸港の一部にもなっているよ。 Q3 武士が乗っていた馬をサルが守ってくれると信じられていたんだよ。

2 次の問いに答えましょう。

資料1

(1) 資料1は東大寺南大門にある運慶らがつくった像です。この像を何といいますか。（　　　　）

(2) 資料2は鎌倉時代の仏教についてまとめたものです。A，Bにあてはまる言葉をそれぞれ書きましょう。

A（　　　　）
B（　　　　）

資料2

宗教	始めた人物
浄土宗	法然
（A）	親鸞
時宗	（B）
日蓮宗	日蓮
臨済宗	栄西
曹洞宗	道元

(3) 資料3は元軍がせめてきたときの進路を示しています。これを見て，次の問いに答えましょう。

資料3

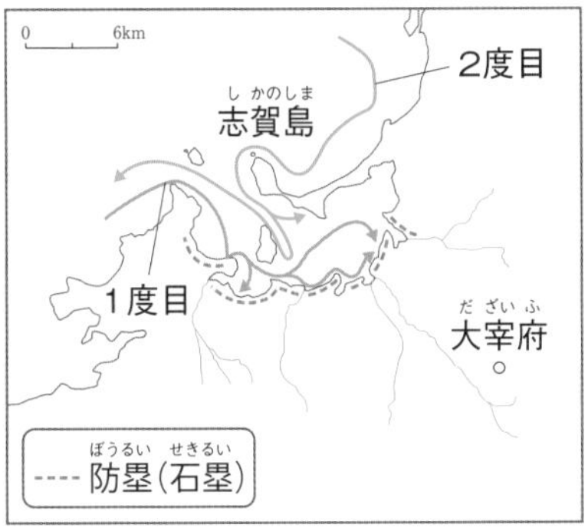

① 元軍は日本のどこにせめてきましたか。次から選びましょう。（　　）

㋐ 関東北部　㋑ 近畿南部
㋒ 東北南部　㋓ 九州北部

② 資料3中の防塁(石塁)は何のためにつくられましたか。簡単に書きましょう。

（　　　　）

③ 元を退けたあとの日本の様子を，次から選びましょう。（　　）

㋐ 幕府の力が西国にもおよぶようになった。
㋑ 領地をもらえなかった御家人が不満を持つようになった。
㋒ 全国に守護と地頭が置かれるようになった。

思考力トレーニング　問題を考えよう

あとの答えになるように，右の資料を使った問題文を考えてみましょう。

資料　承久の乱における北条政子のうったえ

頼朝どのが平氏をほろぼして幕府を開いてから，そのご恩は，山よりも高く，海よりも深いほどです。ご恩を忘れていない者は，朝廷の軍をたおし，幕府を守りなさい。（一部要約）

答え　朝廷の軍をたおすために武士（御家人）が団結すること。

6 室町幕府の政治

標準 レベル

トライしよう

1 室町幕府の政治について，調べ学習をしています。あとの資料を見て， ⬚ にあてはまる言葉を書き，年表と図を完成させましょう。

年	1334	1336	1338	1392	1404	1467	
できごと	後醍醐天皇が新しい政治（ ① の新政 ）を始める	朝廷が南朝と北朝に分かれる（南北朝時代が始まる）	足利義満が征夷大将軍になる ② 尊氏 が征夷大将軍になる	足利義満が南朝と北朝を統一する	③ 貿易（勘合貿易）が始まる	将軍のあとつぎをめぐる争いなどから ④ の乱 が始まる	
世紀	←――――― 14世紀 ―――――→			←――― 15世紀 ―――→			

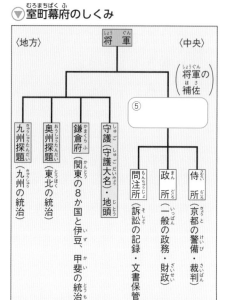
▼室町幕府のしくみ

〈地方〉　　将軍　　〈中央〉

将軍の補佐

⑤

九州探題（九州の統治）　奥州探題（東北の統治）　鎌倉府（関東の8か国と伊豆，甲斐の統治）　守護（守護大名）・地頭

問注所（訴訟の記録・文書保管）　政所（一般の政務・財政）　侍所（京都の警備・裁判）

資料　▼後醍醐天皇の建武の新政を批判する文章（「二条河原落書」）

このごろ都ではやっているものは，夜襲や強盗，天皇のにせの命令，囚人や急ぎの使いを乗せた馬，たいしたことのない騒動。（中略）
恩賞を得るために架空の戦争がつくられることもある。　（一部要約）

わたしは後醍醐天皇の政治が混乱するのを見て，新たな天皇を立てました（北朝）。その後，征夷大将軍になって開いた室町幕府には，将軍を補佐する管領や関東を統治する鎌倉府などの役職が置かれました。

足利尊氏（1305〜1358）

▼14〜15世紀の東アジア

朝鮮　日本　黄河　黄海　明　長江　太平洋　東シナ海　琉球王国

40°　30°　140°　130°　120°　0　500km

―― 日明（勘合）貿易・朝鮮との貿易の航路

▼応仁の乱の様子

2 室町文化についてまとめています。資料を見て，次の表を完成させましょう。

北山文化	3代将軍足利義満のころに栄えた，武士と貴族の文化が混じりあった文化。 　① ［　閣　］…足利義満が京都の北山に建てた別荘。室町文化の代表的な建物。 　② ［　　　］…観阿弥・世阿弥が猿楽などをもとに大成。幕府の保護を受ける。
東山文化	8代将軍足利義政のころに栄えた，質素で落ち着いた文化。 銀閣…足利義政が京都の東山に建てた別荘。 　③ ［　造　］の部屋は和室のもとになる。 　④ ［　　　］（水墨画）…墨一色でかかれた絵。中国で学んだ雪舟が作品を残した。
民衆の文化	狂言…②の間に演じられた劇。 御伽草子…「一寸法師」などの絵入りの物語。

資料

▼金閣

▼雪舟のすみ絵（「秋冬山水図」）

▼能

▼書院造

ノートにまとめる

- 後醍醐天皇と対立した足利尊氏は新たな天皇を立て（北朝），室町幕府を開いた。
- 3代将軍足利義満は，南朝と北朝を統一し，日明貿易を始めるなど力を持った。
  - ▶日明貿易（勘合貿易）は，正式な貿易船に勘合という札があたえられた。
- 室町時代には，和室の元になった書院造，能や狂言など，現代に伝わる文化が生まれた。
  - ▶書院造の部屋とともに，茶の湯や生け花などの文化も発展した。

▼勘合

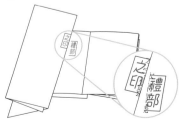

6 室町幕府の政治

答え▶8ページ

✦✦✦ **ハイ** レベル ……… マスターしよう

1 次の資料を見て，あとの問いに答えましょう。

資料1 天皇家の系図

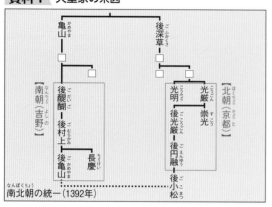

南北朝の統一（1392年）

資料2 14〜15世紀の東アジア

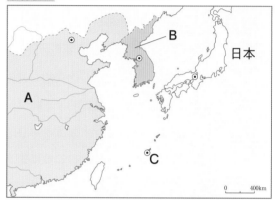

(1) 資料1について，次の問いに答えましょう。

① 建武の新政を始めた天皇を，資料1中から選びましょう。（　　　　　）

② 右の図は，①と対立した足利尊氏が開いた室町幕府のしくみを示しています。次の説明はどの役職の説明ですか。図中の㋐〜㋘から選びましょう。

（　　　　　）

● 将軍の補佐を行う役職である。

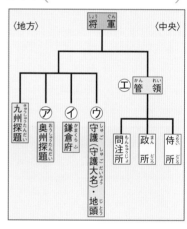

③ 南北朝時代とはどのような時代でしたか。資料1からわかることをもとに，「朝廷」の言葉を使って簡単に書きましょう。

（　　　　　　　　　　　　　　　　　　　　）

(2) 資料2について，次の問いに答えましょう。

① 資料2中のA〜Cにあてはまる国名をそれぞれ書きましょう。

A（　　　　）B（　　　　）C（　　　　）

② 右の絵は，足利義満が始めたAの国と日本の貿易に使われたものの想像図です。何のために使われたものか，簡単に書きましょう。

（　　　　　　　　　　　　　　　）

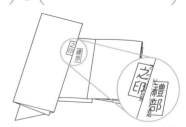

(3) 室町幕府の将軍のあとつぎをめぐる守護大名の対立などから，1467年に京都で始まった争いを何といいますか。

（　　　　　　）

もの知りクイズの答え

[Q1] 枯山水
[Q2] ウ

[Q1] 枯山水は京都の禅宗の寺に多く見られる庭の様式だよ。 [Q2] 「平家物語」や「源氏物語」など，室町時代以前にあった物語を題材にした能が数多くあるよ。

2 次の問いに答えましょう。

(1) 右の資料１，２の建物を建てた人物を，次からそれぞれ選びましょう。

㋐ 足利義詮
㋑ 足利義政
㋒ 足利尊氏
㋓ 足利義満

資料1

資料2

資料１（　　　　）　資料２（　　　　）

(2) 資料１と資料２に代表される①北山文化と②東山文化の特ちょうを，それぞれ簡単に書きましょう。

①（　　　　　　　　　　　　　　　　　　　　）
②（　　　　　　　　　　　　　　　　　　　　）

(3) 中国ですみ絵（水墨画）を学び，「秋冬山水図」などの作品をかいた人物はだれですか。

（　　　　　　　　）

(4) 資料３の説明として，誤っているものを，次から選びましょう。（　　　）

㋐ 観阿弥と世阿弥によって大成された。
㋑ 幕府の保護を受けた。
㋒ 猿楽などをもとにつくられた。
㋓ 能の間に演じられたこっけいな劇である。

資料3

思考力トレーニング　問題を考えよう

あとの答えになるように，右の資料を使った問題文を考えてみましょう。

答え　たたみやふすまなどがあること。

2章 歴史　日本の中世

答え▶9ページ

7 戦国の時代と二人の武将

トライ
しよう

・・・・・◆・◆・◆　標準 レベル　・・・・・

1 戦国時代について，調べ学習をしています。あとの資料を見て，□にあてはまる言葉を書き，資料を完成させましょう。

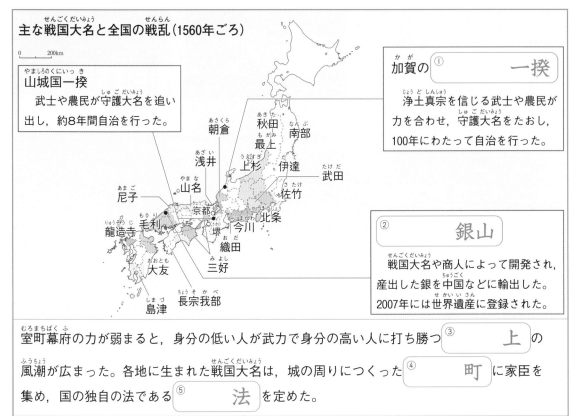

主な戦国大名と全国の戦乱（1560年ごろ）

0　　200km

山城国一揆
　武士や農民が守護大名を追い出し，約8年間自治を行った。

加賀の　①　　一揆
　浄土真宗を信じる武士や農民が力を合わせ，守護大名をたおし，100年にわたって自治を行った。

朝倉　秋田　南部
　　浅井　最上
　　　上杉　伊達
尼子　山名　　武田
龍造寺　京都　佐竹
　　毛利　堺　北条
大友　　今川
　　三好　織田
島津　長宗我部

②　　銀山
　戦国大名や商人によって開発され，産出した銀を中国などに輸出した。2007年には世界遺産に登録された。

室町幕府の力が弱まると，身分の低い人が武力で身分の高い人に打ち勝つ③　上　の風潮が広まった。各地に生まれた戦国大名は，城の周りにつくった④　町　に家臣を集め，国の独自の法である⑤　法　を定めた。

資料 ▽一向一揆の旗　▽石見銀山（島根県）

▽朝倉氏の城下町の跡

斎藤道三（1494？〜1556）

　わたしは，美濃国（岐阜県）の大名である土岐氏に仕える身分でしたが，下剋上で土岐氏を追い出し，戦国大名になりました。

▽分国法の例

「朝倉孝景条々」
一　本拠地の朝倉館以外に城を建ててはならない。
　　　　　　　（一部要約）

2 南蛮貿易とその背景についてまとめています。あとの資料を見て，□にあてはまる言葉を書き，年表を完成させましょう。

年	1543	1549	1582	
できごと	ポルトガル船が着し、鉄砲を伝える ①□□島に漂	②□□□教を伝える フランシスコ・ザビエルが	天正遣欧使節が派遣される	16世紀以降、ポルトガルや③□□□が日本と貿易を行う

フランシスコ・ザビエル (1506〜1552)

イエズス会の宣教師だったわたしは，1549年に鹿児島に上陸し，日本に初めてキリスト教を伝えました。その後も日本各地で布教活動を行いました。

資料

▼16世紀ごろの世界

■ ポルトガルの勢力範囲
□ スペインの勢力範囲

スペイン王国　オスマン帝国　ムガル帝国　明　日本

西インド諸島

0 ___ 3000km

▼鉄砲が伝わった場所と主な産地

■ 鉄砲の主な産地
● 鉄砲が伝わった場所

国友
堺
種子島

0 ___ 200km

※県境は現在のもの

ノートにまとめる

● 応仁の乱で幕府の力が弱まると各地で戦乱が起き，下剋上の風潮が広まった。
　▶加賀の一向一揆や山城国一揆では，武士や農民が守護大名をたおした。
　▶戦国大名は，城下町をつくり，独自の分国法を整備して，国を治めた。
● 16世紀以降，ポルトガルやスペインなどとの南蛮貿易が始まった。
　▶ヨーロッパからは明（中国）産の生糸や絹織物，鉄砲や火薬，ガラスなどがもたらされ，日本からは銀が持ち出された。
　▶キリスト教が伝わると，貿易の利益などを求めて信者になる大名が現れた。

▼鉄砲 (火縄銃)

7 戦国の時代と二人の武将

答え▶9ページ

標準 レベル　トライしよう

1 二人の武将についてまとめています。資料を見て，次の表を完成させましょう。

	織田信長（おだのぶなが）	豊臣秀吉（とよとみひでよし）
どんな人物か	尾張（おわり）の小さな大名（だいみょう）だったが，桶狭間（おけはざま）の戦いで勝利し，天下統一（てんかとういつ）を進めた。室町幕府をほろぼし，①□　では鉄砲（てっぽう）を利用して，武田（たけだ）氏を破った。しかし，天下統一（てんかとういつ）の前に，家臣の明智光秀（あけちみつひで）の裏切り（うらぎり）にあい，自害（じがい）した。	元は低い身分の武士だったが，織田信長（おだのぶなが）をたおした明智光秀（あけちみつひで）や関東（かんとう）の北条氏を破り，天下統一（てんかとういつ）を果たした。その後，明（みん）（中国（ちゅうごく））を従え（したが）ようと③□　に兵を送ったが失敗した。
主な政策（せいさく）	②□　座…安土城（あづちじょう）の城下（じょうか）では，だれでも自由に商売ができるようにした。また，通行税を取る関所（せきしょ）をなくすなどして，商業をさかんにした。	④□　…田畑の広さや耕作している農民を調べて記録した。 ⑤□　…農民の反乱（はんらん）を防ぐため，刀や鉄砲（てっぽう）を取り上げた。
宗教（しゅうきょう）に対する態度（たいど）	仏教勢力（せいりょく）に対して，武力を使って従わ（したが）せた。キリスト教を保護し，学校や教会堂を建てることを認め（みと）た。	キリスト教の布教と外国の軍事力のつながりを知り，バテレン追放令を出して宣（せん）教師を追放した。

資料

織田信長（おだのぶなが）（1534〜1582）

　わたしは，長篠（ながしの）の戦いで武田（たけだ）氏を破った後，安土（あづち）に巨大な城（しろ）を建て，城下町（じょうかまち）で右のような命令を出しました。座とは商人が入る組合（くみあい）のことで，座の廃止（はいし）によって商業をさかんにして領地を豊かにしようとしました。

楽市（らくいち）・楽座（らくざ）に関する命令

●安土（あづち）の町を楽市（らくいち）としたので，座を廃止（はいし）して，さまざまな税（ぜい）をなくす。
●街道（かいどう）を使う商人は，中山道（なかせんどう）を素通りせず，この町に宿をとること。
（一部要約）

検地（けんち）の様子

（想像図）

　わたしは，左のような検地（けんち）や，農民から武器を取り上げる刀狩（かたながり）を行いました。これらの政策（せいさく）で，武士と農民の区別がはっきりしました。その後，明を征服（せいふく）する足がかりとして朝鮮（ちょうせん）をせめましたが失敗しました。

豊臣秀吉（とよとみひでよし）（1537〜1598）

2 南蛮文化と桃山文化について，調べ学習をしています。資料を見て，次の表を完成させましょう。

南蛮文化	キリスト教の宣教師や貿易船の商人によって伝わったヨーロッパの文化。パン，カステラ，カルタ，時計などが伝わり，ヨーロッパ風の衣服が流行った。また，①活 印刷術が伝わり，日本の書物がローマ字で印刷された。
桃山文化	大名や大商人の力を反映した豪華で壮大な文化。 ・城には天守が建てられ，②徳 らがかいたふすま絵や屏風絵がかざられた。 ・千利休によってわび茶が完成された。 ・出雲の阿国が始めた③おどり は，歌舞伎のもとになった。

資料

▽活版印刷術で印刷された「平家物語」

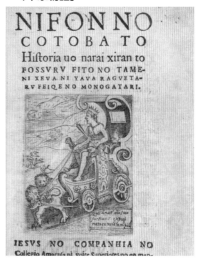

NIFON NO COTOBA TO
Historia uo narai xiran to
FOSSVRV FITO NO TAME-
NI XEVA NI YAVA RAGVETA-
RV FEIQENO MONOGATARI.

IESVS NO COMPANHIA NO
Collegio Amacusa ni voite Superiores no go man-

千利休 (1522〜1591)

▽狩野永徳がかいた屏風絵

▽かぶきおどり

ノートにまとめる

●織田信長は今川氏などの強敵をたおし，天下統一をめざした。
　▶安土城の城下では，商業をさかんにするため楽市・楽座の命令を出した。

●豊臣秀吉は，織田信長の死後，天下統一を果たした。
　▶検地と刀狩を行った。→武士と農民の区別がはっきりするようになった。
　▶キリスト教の宣教師を国外に追放するバテレン追放令を出した。

●豪華で壮大な，桃山文化が栄えた。

▽刀狩の様子

（想像図）

学習した日　　月　　日

7 戦国の時代と二人の武将

答え▶9ページ

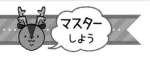

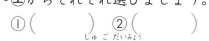

ハイレベル　マスターしよう

❶ 右の地図や資料を見て，次の問いに答えましょう。

(1)　次の①，②の説明にあてはまる場所を，右の地図中の㋐～㋓からそれぞれ選びましょう。

①（　　　）②（　　　）

①　武士や農民が協力して守護大名を追い出し，約8年間，自治を行った。

②　戦国大名や商人によって開発され，多くの銀を産出した。

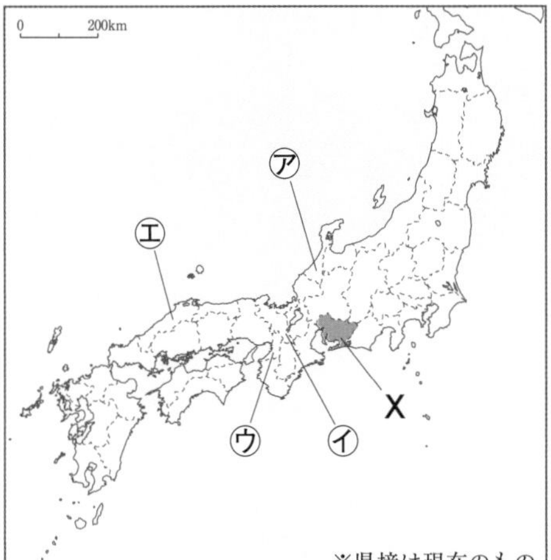

※県境は現在のもの

(2)　戦国時代に広まった下剋上の風潮とはどのようなものか，(1)①の説明も参考にしながら，「身分」の言葉を使って簡単に書きましょう。

（　　　　　　　　　　　　　　　　　　　　）

(3)　地図中のXの出身である織田信長と豊臣秀吉について，次の問いに答えましょう。

①　次の㋐～㋓を，a織田信長についての説明と，b豊臣秀吉についての説明にそれぞれ分けましょう。

a（　　　　　）　b（　　　　　）

㋐　桶狭間の戦いで今川氏を破った。

㋑　関東の北条氏を破り，天下統一を果たした。

㋒　明を従えるため，朝鮮に兵を送った。

㋓　室町幕府をほろぼした。

②　資料1は，織田信長が行った政策の1つです。この政策の目的を，次から選びましょう。

（　　　）

㋐　領地の商業を発展させるため。

㋑　外国との貿易を有利に進めるため。

㋒　キリスト教の宣教師を追放するため。

㋓　農民の反乱を防ぐため。

資料1

安土の町を楽市としたので，座を廃止して，さまざまな税をなくす。
（一部要約）

③　資料2は，豊臣秀吉が行った政策の1つです。何を行っている様子かを簡単に書きましょう。

（　　　　　　　　　　　　　　　　　　　　）

資料2

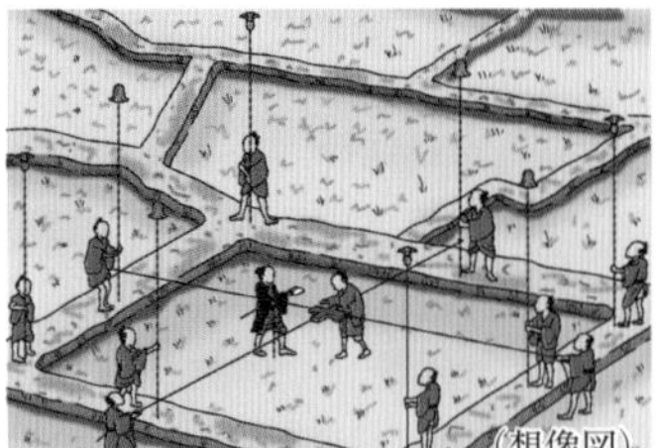
（想像図）

もの知り
クイズ
の答え

Q1 ア　Q2 ローマ
Q3 イ　Q4 堺市

Q1 武田信玄と上杉謙信は，信濃（現在の長野県あたり）をめぐって川中島で戦ったよ。　Q3 「岐阜」は中国の古い地名にならって織田信長が名づけたとされているよ。

❷　右の地図を見て，次の問いに答えましょう。

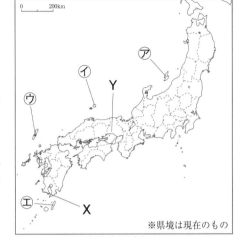

(1)　1549年に地図中のXにとう着し，日本にキリスト教を伝えた宣教師はだれですか。

（　　　　　　　　　）

(2)　1543年に鉄砲が伝わった場所を，地図中のⓐ～ⓔから選びましょう。

（　　　　　　　　　）

(3)　(2)に伝わった鉄砲を使った織田信長が，長篠の戦いで破った戦国大名を次から選びましょう。

（　　　　　　　　　）

　ⓐ　明智光秀　　ⓘ　徳川家康　　ⓤ　今川義元　　ⓔ　武田勝頼

(4)　南蛮貿易において日本に持ち込まれたものとして誤っているものを，次から選びましょう。

（　　　　　　　　　）

　ⓐ　火薬　　ⓘ　ガラス　　ⓤ　銀　　ⓔ　生糸

(5)　地図中のYには，資料1の城があります。このような城に代表される文化を何といいますか。

資料1

資料2

（　　　　　　　　　）

(6)　資料2の千利休が行ったことを簡単に書きましょう。

（　　　　　　　　　　　　　　　　　　　　　　　　　　　　　）

💡**思考力トレーニング**　ふさわしい資料を考えよう

　次の問題に不足している資料は，どのようなものかを書きましょう。

問題：豊臣秀吉によって右の資料の政策が行われたあと，社会がどのように変化したかを簡単に書きましょう。

答え：武士と農民の身分が明確に区別され，農民は武器が持てなくなった。

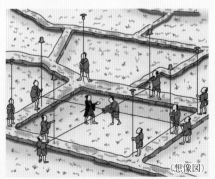
（想像図）

8 江戸時代の政治と貿易

標準 レベル

トライ
しよう

1 江戸時代の初めごろについて，調べ学習をしています。あとの資料を見て，□にあてはまる言葉を書き，年表を完成させましょう。

年	1600	1603	1612	1615	1624	1635	1637〜38	1639	1641
できごと	①関□の戦いが起こる	②徳□が江戸幕府を開く	キリスト教が禁止される	↓④□体制が整えられる	③武□が定められる	スペイン船の来航禁止	⑤参□の制度が定められる	島原・天草一揆が起こる	ポルトガル船の来航禁止	⑥出□にオランダ商館が移される→鎖国の完成
世紀	16世紀	◀━━━━━━━━━━ 17世紀 ━━━━━━━━━━▶							

資料

徳川家康
（1542〜1616）

わたしは1600年に関ヶ原の戦いで石田三成を中心とする西軍を破り，1603年に征夷大将軍に任命されて江戸幕府を開きました。1615年には大阪の陣で豊臣氏をほろぼしました。

徳川家光
（1604〜1651）

わたしは1635年に参勤交代の制度を定め，大名に1年おきに江戸に住むように命じました。また，鎖国政策を進め，1641年に長崎の出島にオランダ商館を移して鎖国体制を完成させました。

▽**武家諸法度の内容（一部要約）**

一　諸国の城は，たとえ修理する場合であっても，必ず幕府に報告しなさい。まして，新しい城を築くことは固く禁止する。

▽**幕藩体制のもとでの主な大名の配置**

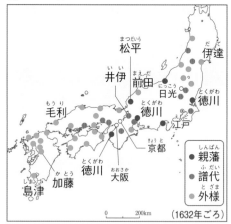

松平
伊達
井伊
前田
日光
徳川
毛利
徳川
江戸
京都
徳川
大阪
加藤
島津

● 親藩
● 譜代
● 外様

0　　200km
（1632年ごろ）

2 江戸時代の経済についてまとめています。資料を見て，次の表を完成させましょう。

交通	五街道	① 東 ・中山道・甲州街道・日光街道・奥州街道
	海路	西廻り航路…日本海側の港～大阪 東廻り航路…酒田～江戸 南海路…江戸～大阪
都市	江戸	「将軍のおひざもと」と呼ばれた政治の中心地。
	大阪	「 ② 天 」と呼ばれた商業の中心地。
産業	農業	効率的に脱穀する ③ 千 ，深く耕せる備中ぐわなどの農具が発明される。
	漁業	九十九里浜（千葉県）のいわし漁
	鉱業	佐渡金山（新潟県），石見銀山（島根県）

資料

▽ 江戸時代の交通

五街道
東廻り航路
西廻り航路
南海路

酒田
中山道
奥州街道・日光街道
京都
江戸
大阪
東海道
甲州街道

0　　200km

▽ 大阪の港の様子

◁ 江戸時代に発明された農具

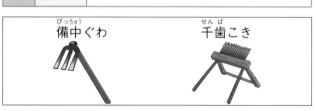

備中ぐわ　　千歯こき

ノートにまとめる

● 幕藩体制の確立…江戸幕府と藩が中心となって全国の土地・人々を支配。
　▶ 将軍のもとには，老中（将軍の補佐役）や三奉行などの役職が置かれた。
　▶ 大名は，徳川家の親せき（親藩），昔からの徳川家の家臣（譜代），関ヶ原の戦い後に徳川家に従った大名（外様）に分けられ，領地の配置がくふうされた。
● 鎖国体制の確立…キリスト教を布教しないオランダや中国とは貿易を行った。
● 江戸時代の社会では，武士，百姓，町人などの身分が確立された。
● 江戸時代の産業…都市が発達して人口が集中。農村では新しい農具が広まった。

学習した日　　月　　日

8 江戸時代の政治と貿易

答え▶10ページ

ハイレベル　マスターしよう

1 次の問いに答えましょう。

(1) 資料1について，次の問いに答えましょう。

資料1 江戸幕府のしくみ

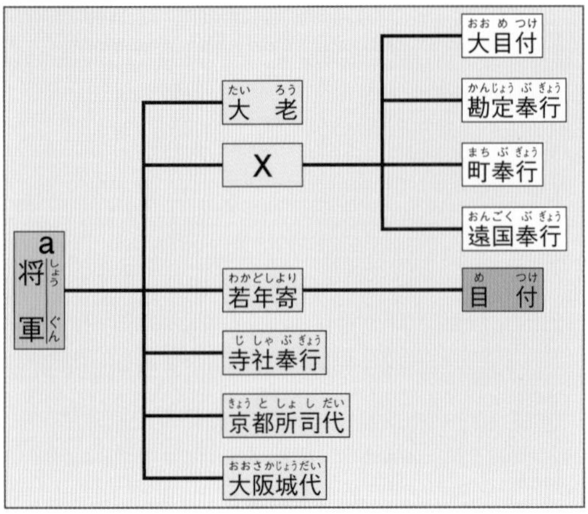

a 将軍
大老
X
若年寄
寺社奉行
京都所司代
大阪城代
大目付
勘定奉行
町奉行
遠国奉行
目付

① 傍線部aについて，江戸幕府の初代将軍となった徳川家康に関わる次の㋐～㋒のできごとを，起きた順に並べましょう。

(　　　)→(　　　)→(　　　)

㋐ 関ヶ原の戦いに勝利する
㋑ 大阪の陣で豊臣氏をほろぼす
㋒ 朝廷から征夷大将軍に任命される

② Xにあてはまる，将軍の補佐役の役職名を書きましょう。

(　　　)

③ ②の役職には，昔から徳川家の家臣だった大名がつきました。このような大名を何といいますか。

(　　　)

(2) 江戸時代に定められた武家諸法度について，次の問いに答えましょう。

① 資料2は，1635年，武家諸法度に加えられた制度の内容を示しています。資料2の制度を何といいますか。

資料2

一 大名は国元と江戸とを交代で住むように定める。毎年，4月中に江戸に参勤するようにしなさい。（部分要約）

(　　　)

② 資料2の制度を武家諸法度に加えた，江戸幕府の3代将軍はだれですか。

(　　　)

(3) 鎖国について，次の問いに答えましょう。

① 島原・天草一揆ののち，貿易船の来港を禁止されたヨーロッパの国はどこですか。

(　　　)

② ①の国が来航を禁止されたあともオランダや中国とは貿易が行われました。その理由を，簡単に書きましょう。

(　　　)

③ 1641年，オランダの商館が出島に移され，鎖国が完成しました。出島の位置を，右の地図中のA～Dから選びましょう。(　　　)

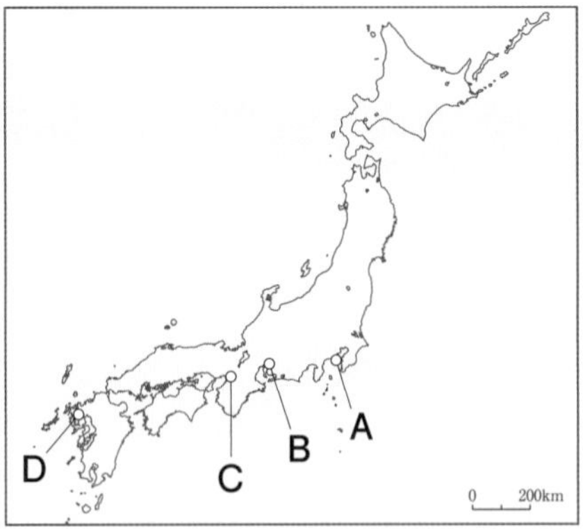

A
B
C
D
0 200km

② 次の問いに答えましょう。

(1) 資料1を見て，次の問いに答えましょう。

① 資料1中のX，Yにあてはまる街道の名前をそれぞれ書きましょう。

X（　　　　　　　　　）

Y（　　　　　　　　　）

② 資料1中のA〜Cの航路のうち，東廻り航路と南海路にあてはまるものをそれぞれ選びましょう。

東廻り航路（　　　　　）南海路（　　　　　）

(2) 次の①，②の説明にあてはまる都市名をそれぞれ書きましょう。　①（　　　　　　　）②（　　　　　　　）

① 多くの藩の蔵屋敷が置かれ，「天下の台所」と呼ばれた。

② 「将軍のおひざもと」と呼ばれる政治の中心地だった。

資料1

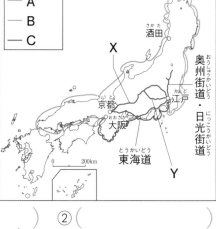

(3) 資料2のa，bの農具の名前を書きましょう。また，a，bの農具の利点を，それぞれ簡単に書きましょう。

aの名前（　　　　　　　）

aの利点（　　　　　　　　　　　　　　　）

bの名前（　　　　　　　）

bの利点（　　　　　　　　　　　　　　　）

(4) 肥料の原料になるいわし漁がさかんに行われた，現在の千葉県沿岸部に広がる海岸の名前を書きましょう。

（　　　　　　　　　　　）

資料2

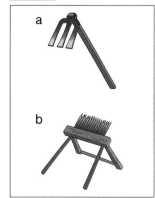

💡**思考力トレーニング**　問題を考えよう

あとの答えになるように，右の地図を使った問題文を考えてみましょう。

（　　　　　　　　　　　　　　　　　　　　　　　）

答え　江戸から離れた場所に配置されている。

9 江戸時代の変化

標準 レベル　　　　トライ しよう

1 江戸時代に行われた政治改革について，調べ学習をしています。あとの資料を見て，◯にあてはまる言葉を書き，年表を完成させましょう。

年	1716	1772	1782	1787		1837	1841
できごと	8代将軍の①「徳 」が享保の改革を始める	②「田 」が老中になる	天明のききんが起こる	老中の③「松 」が寛政の改革を始める	18世紀末ごろから、外国船が日本沿岸に現れ出す　↓ロシアの使節ラクスマンが蝦夷地の根室に来航する	④「大 」が大阪で反乱を起こす	老中の⑤「水 」が天保の改革を始める
世紀	◀————18世紀————▶					◀——19世紀——▶	

わたしは，享保の改革において，幕府の財政を立て直すため，参勤交代で大名が江戸に住む期間を短くする代わりに，一定量の米を幕府に納めさせました。また，裁判を公平に行うため，公事方御定書を定めました。

資料1
徳川吉宗
（1684〜1751）

1772年に老中になったわたしは，商人に株仲間という組合の結成をすすめるなど，幕府の財政を立て直そうとしました。しかし，わいろの増加を批判され，天明のききんのあとに老中をやめさせられました。

資料2
田沼意次
（1719〜1788）

田沼意次のあとに老中になったわたしは，寛政の改革を始めました。ききんに備えて米をたくわえさせるなどの政策を行いましたが，厳しい出版の統制などが人々の反感を買いました。

資料3
松平定信
（1758〜1829）

わたしは，大阪町奉行所の元役人である大塩平八郎が反乱を起こしたあとに老中となり，天保の改革を進めました。江戸や大阪周辺の農村を幕府の直接の支配地にしようとして，失敗しました。

資料4
水野忠邦
（1794〜1851）

2 江戸時代の文化をまとめています。資料を見て，次の表を完成させましょう。

元禄文化（17世紀末～18世紀初め）	中心地	上方（京都・大阪）
	文学	井原西鶴は浮世草子と呼ばれる小説を書き，①[松]は俳諧（俳句）の芸術性を高めた。
	絵画	菱川師宣は「見返り美人図」をかき，②[浮]の祖と呼ばれた。
	その他	③[歌]…庶民の演劇として人気。人形浄瑠璃…近松門左衛門の脚本が有名。
化政文化（19世紀前半）	中心地	江戸
	文学	十返舎一九が物語を書き，小林一茶がすぐれた俳諧（俳句）をよんだ。
	絵画	葛飾北斎・歌川広重らの②（風景画）。
学問		・国学…仏教や儒教が日本に伝わる以前の日本人の考え方を学ぶ学問。本居宣長が大成。 ・蘭学…ヨーロッパの考えを学ぶ学問。杉田玄白らが「④[解]」を出版。伊能忠敬が天文学などから正確な日本地図を作成。

資料

▽ **菱川師宣がかいた浮世絵**

▽ **杉田玄白や前野良沢らが出版した「解体新書」**

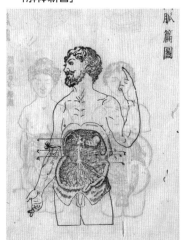

▽**松尾芭蕉の俳諧（俳句）**

●夏草や
兵どもが
夢の跡

●五月雨を
集めて早し
最上川

▽**歌舞伎の様子**

ノートにまとめる

● 享保の改革…8代将軍徳川吉宗によって行われた。公事方御定書の制定など。

● 老中・田沼意次の政治…株仲間の政策などで経済は発展したが，わいろが横行。

● 寛政の改革…老中の松平定信によって行われた。ききんの備えなどの政策。

▶ 厳しい出版の統制などを行い，人々の反感を買った。

● 天保の改革…老中の水野忠邦によって行われた。株仲間の解散など。

3章 歴史　日本の近世

9 江戸時代の変化

答え▶11ページ

♦◆♦ **ハイ** レベル ┈┈┈┈┈┈ マスターしよう

1 次の問いに答えましょう。

(1) 江戸時代に行われた改革について，資料1を見て，次の問いに答えましょう。

資料1

改革の名前	（　X　）	寛政の改革	天保の改革
行った人物	徳川吉宗	松平定信	水野忠邦
政策の例	（　a　）	（　b　）	（　c　）

　① Xにあてはまる徳川吉宗が始めた改革の名前を書きましょう。

（　　　　　　　　　）

　② a，b，cにあてはまる内容を，次からそれぞれ選びましょう。

a（　　　　） b（　　　　） c（　　　　）

　㋐ 江戸や大阪周辺の農村を幕府の直接の支配地にしようとした。

　㋑ 公平な裁判の基準を示すため，公事方御定書を定めた。

　㋒ ききんに備えて，村に米をたくわえさせた。

　③ 資料2は，資料1中の徳川吉宗が定めた制度です。（　）にあてはまる文を，「参勤交代」の言葉を使って簡単に書きましょう。

資料2 上げ米の制

> 1万石につき米100石を納めること。その代わりに，
>
> （　　　　　　　　　）

（　　　　　　　　　　　　　　　　　）

(2) 田沼意次の政治について，次の問いに答えましょう。

　① 田沼意次の政治が行われた時期を次から選びましょう。　（　　　）

　㋐ 徳川吉宗の政治よりも前の時期

　㋑ 松平定信の政治よりも前の時期

　㋒ 水野忠邦の政治よりもあとの時期

　② 田沼意次が，商人につくることをすすめた組合を何といいますか。

（　　　　　　　　　）

　③ 田沼意次の政治について，あてはまるものを次から選びましょう。　（　　　）

　㋐ 2年あまりで失敗に終わった。

　㋑ わいろが横行した。

　㋒ 大塩平八郎による反乱の影響を受けた。

(3) 1792年，ロシアのラクスマンが最初に来航した場所を，右の地図中のA〜Dから選びましょう。　（　　　）

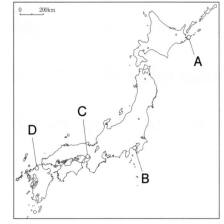

ものしりクイズの答え

[Q1] ゾウ
[Q2] ウ

[Q1] 中国の商人がゾウを将軍に献上したんだ。日本に着いたゾウは，長崎から江戸を歩いて移動したよ。 [Q2] 浮世絵は，ヨーロッパで活やくした印象派と呼ばれる画家たちを中心に大きな影響をあたえたよ。

2 次の問いに答えましょう。

(1) 資料１を見て，次の問いに答えましょう。

資料１「見返り美人図」

① 資料１の絵は，17世紀末～18世紀初頭にかけて，上方の町人を中心として栄えた文化を代表する作品です。このような文化を何といいますか。

（　　　　　）

② 資料１のような絵を何といいますか，次から選びましょう。 （　　）

㋐ 大和絵　㋑ 浮世絵　㋒ すみ絵(水墨画)

③ 資料１の絵がかかれたころに活やくした近松門左衛門が行ったことを，次から選びましょう。 （　　）

㋐ 浮世草子と呼ばれる小説を書いた。　㋑ 俳諧の芸術性を高めた。
㋒ 人形浄瑠璃の脚本を書いた。　㋓ すぐれた風景画をかいた。

(2) 資料２を見て，次の問いに答えましょう。

資料２「解体新書」

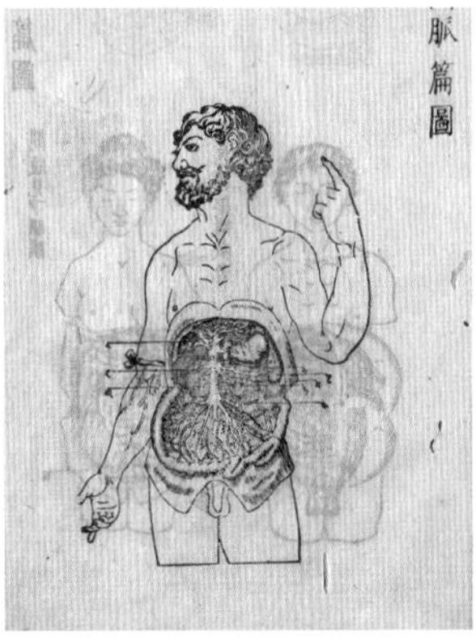

① 資料２の書物を出版した人物を，次から２人選びましょう。 （　　）（　　）

㋐ 小林一茶　㋑ 前野良沢
㋒ 杉田玄白　㋓ 葛飾北斎

② 資料２の書物などのオランダ語で学ぶヨーロッパの学問を何といいますか。 （　　　　　）

(3) 本居宣長が大成した国学とはどのような学問ですか。「仏教や儒教」の言葉を使って簡単に書きましょう。

（　　　　　　　　　　　　　　　　　　　　　　　　）

(4) 全国を歩いて測量し，正確な日本地図の作成をめざした人物はだれですか。

（　　　　　）

思考力トレーニング　問題を考えよう

あとの答えになるように問題文を考えてみましょう。

！ヒント
答えはある人物の政策の特ちょうについて述べています。

答え　商業の力を利用して幕府の財政を立て直そうとした。

10　江戸から明治へ

標準レベル　トライしよう

1　江戸時代末の日本について，調べ学習をしています。あとの資料を見て，◯にあてはまる言葉を書き，年表を完成させましょう。

年	1853	1854	1858	1858〜59	1860	1863	1863〜64	1866	1867	1868
できごと	① が浦賀に来航する	→開国する ② 条約が結ばれる	→外国との貿易が始まる ③ 条約が結ばれる	幕府に反対する人々が処罰される（安政の大獄）	大老の井伊直弼が暗殺される（桜田門外の変）	薩英戦争が起こる	下関戦争が起こる	薩長同盟が成立する	→政権が朝廷に返上される ④ 大政 が行われる	⑤ 五 しい政治の方針が示される で新

資料

　わたしは，1853年にアメリカ大統領の国書をもって浦賀に来航し，日本の開国を求めました。翌1854年，横浜に来航して日米和親条約を結びました。

ペリー（1794〜1858）

▼日米和親条約と日米修好通商条約の開港地

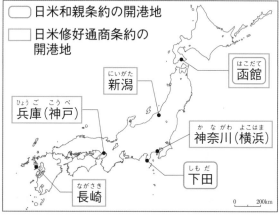

☐ 日米和親条約の開港地
☐ 日米修好通商条約の開港地

函館
新潟
兵庫（神戸）
神奈川（横浜）
下田
長崎

0　　200km

▼大政奉還の様子

▼五箇条の御誓文（要約）

－　政治のことは会議を開いてみんなで決めよう

－　みんなの心を一つにして，国家を治めて整えよう

－　みんなが希望を達成できるようにしよう

－　これまでのよくないしきたりを改めよう

－　知識を世界に求めて，大きく国を発展させよう

もの知りクイズ

Q1 ペリーが浦賀に来航したときの黒船の数は何隻？

Q2 桜田門外の変を起こした元藩士たちは，主にどこの藩の出身だった？
　　　　　　　　ア　水戸藩　　イ　会津藩　　ウ　長州藩

② 江戸時代末に活やくした人物についてまとめています。資料を見て，次の表を完成させましょう。

幕府・会津藩	徳川慶喜	15代将軍。大政奉還を行う。
	① 勝	② 戊 　　　　戦争で③と会談→江戸城の無血開城（明けわたし）を実現。
	松平容保	会津藩主。京都守護職として幕府に従う。会津戦争で新政府軍と交戦。
長州藩	木戸孝允(桂小五郎)	松下村塾で吉田松陰に学ぶ。藩の倒幕派を指導。
	高杉晋作	奇兵隊を結成し，藩の主導権をにぎる。
薩摩藩	③ 西	長州藩と同盟を結び，倒幕派として藩の主導権をにぎる。
	大久保利通	藩の政治を改革し，倒幕運動を促進。
土佐藩	④ 坂	長州藩と薩摩藩の仲立ちを行い，薩長同盟を実現。「船中八策」と呼ばれる国家構想を示したとされる。

資料

▼戊辰戦争における勝海舟と西郷隆盛の会談

西郷隆盛　　勝海舟

▼坂本龍馬が示したとされる「船中八策」（一部）

一　天下ノ政権ヲ朝廷ニ奉還セシメ，政令宜シク朝廷ヨリ出ヅベキ事。

※大政奉還すべきであると述べられている。

~江戸時代末に活やくした新撰（選）組~

●新撰組とは？
京都守護職の松平容保のもとで結成された浪士隊。「誠」を旗印とし，京都の警備・市中見廻り・倒幕派の鎮圧を行った。

●主な隊員…近藤勇：局長。功績が認められ幕臣になる。
　　　　　　土方歳三：副長。「鬼の土方」と呼ばれ，おそれられた。
　　　　　　沖田総司：剣術にすぐれ，多くの手柄をたてる。

近藤勇（1834〜1868）

ノートにまとめる

🔹外国と条約を締結…1854年に日米和親条約，1858年に日米修好通商条約。

▶日米修好通商条約では，罪を犯した外国人を日本の法で裁くことができなかった（領事裁判権＜治外法権＞）。また，日本は輸出入品に関税をかける権利（関税自主権）がなかった。→物価が上がり，庶民の生活が苦しくなった。

▶薩摩藩は薩英戦争でイギリスに，長州藩は下関戦争でイギリスなどに攻撃され，大きな被害を受けた。→強い国をつくるため，幕府をたおす活動を始める。

🔹江戸幕府の滅亡…15代将軍の徳川慶喜が大政奉還を行った。

10 江戸から明治へ

答え▶12ページ

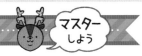

ハイレベル　マスターしよう

1 右の地図を見て，次の問いに答えましょう。

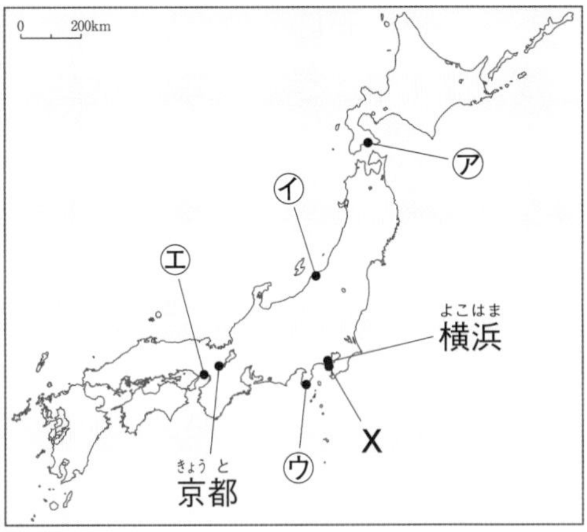

(1) 1853年にペリーが来航したXの地名を，次から選びましょう。（　　）

㋐ 江戸　　㋑ 大阪

㋒ 浦賀　　㋓ 水戸

(2) 地図中の㋐～㋓のうち，日米和親条約で開港した港を2つ選びましょう。（　　）（　　）

(3) 資料1は，地図中の横浜で結ばれた日米修好通商条約の内容の一部です。日米修好通商条約が日本にとって不平等といわれる理由を，資料1を参考にして，簡単に書きましょう。

（　　　　　　　　）

資料1

第4条　すべて日本国内に輸出入する品物については，別冊の通り，日本の役所へ関税を納めること。

第6条　日本人に対して罪を犯したアメリカ人は，アメリカ領事裁判所において取り調べたうえで，アメリカの法律によって処罰する。（一部要約）

(4) (3)の条約の締結後に起きた次の㋐～㋒のできごとを，起きた順に並べましょう。（　　）→（　　）→（　　）

㋐ 桜田門外の変で大老の井伊直弼が暗殺された。

㋑ 薩英戦争で薩摩藩とイギリスが戦った。

㋒ 安政の大獄で，幕府に反対する人々が処罰された。

(5) 地図中の京都で起きたことについて，次の問いに答えましょう。

① 資料2が示すできごとにより行われたことを，江戸幕府の15代将軍であるAの人物の名前と「朝廷」の言葉を使って簡単に書きましょう。

（　　　　　　　　）

資料2

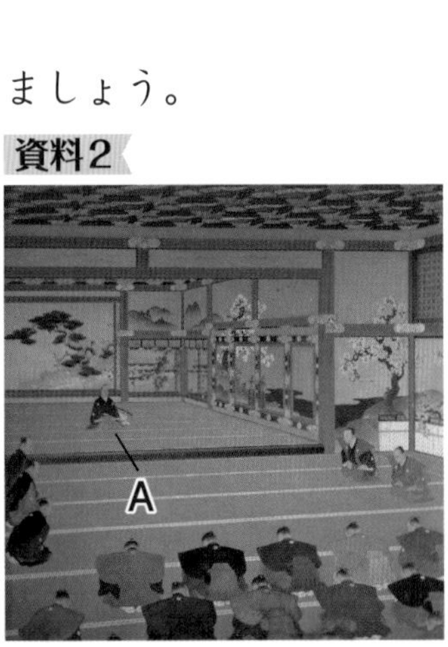

② 京都御所で誓われた五箇条の御誓文の内容を，次から2つ選びましょう。（　　）（　　）

㋐ 学問と武道にひたすらはげむようにしなさい。

㋑ みんなの心を一つにして，国家を治めて整えよう。

㋒ 政治のことは会議を開いてみんなで決めよう。

㋓ 新しい城を築くことは固く禁止する。

2 次の問いに答えましょう。

(1) 右の資料を見て，次の問いに答えましょう。

資料

① 資料中のX，Yの人物名をそれぞれ書きましょう。

X（　　　　　　　　）

Y（　　　　　　　　）

② 資料は，1868年に始まった戦争のさなかにおける会談の様子を示しています。この戦争の名前を書きましょう。

（　　　　　　　　　　　　）

③ 資料の会談により決まったことを，「江戸城」の言葉を使って簡単に書きましょう。

（　　　　　　　　　　　　　　　　　　　　　　　　　　　　　　）

(2) 次のA〜Cは，江戸時代末に活やくした人物について述べています。A〜Cと人物名の正しい組み合わせをあとから選びましょう。　（　　　　）

A 薩摩藩出身の人物であり，西郷隆盛とともに倒幕に向けて動いた。
B 土佐藩出身の人物であり，薩長同盟を実現させた。
C 長州藩出身の人物であり，奇兵隊を結成した。

㋐ A - 坂本龍馬　　　B - 高杉晋作　　　C - 大久保利通
㋑ A - 高杉晋作　　　B - 坂本龍馬　　　C - 大久保利通
㋒ A - 大久保利通　　B - 坂本龍馬　　　C - 高杉晋作
㋓ A - 高杉晋作　　　B - 大久保利通　　C - 坂本龍馬

(3) 会津藩の藩主で，京都守護職だった人物を次から選びましょう。　（　　　　）
㋐ 松平容保　　㋑ 土方歳三　　㋒ 木戸孝允　　㋓ 近藤勇

💡 思考力トレーニング　資料をくらべよう

1860年から1865年にかけて，日本の貿易相手国はどのように変化したのかを書きましょう。

資料　幕末の貿易相手国の変化

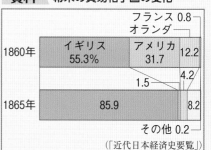

					フランス 0.8 オランダ
1860年	イギリス 55.3%		アメリカ 31.7	12.2	
1865年	85.9		1.5	4.2	8.2

その他 0.2
（「近代日本経済史要覧」）

答え▶13ページ

11 明治の国づくり

標準レベル　トライしよう

1 明治時代初期に行われた政策や風潮についてまとめています。資料を見て，次の表を完成させましょう。

版籍奉還	藩主に土地と人民を天皇に返させた。
①廃	藩を廃止して県を置いた。→東京・大阪・京都に府知事を，各県には県令（県知事）を中央から派遣。
②学	満6才になった男女が小学校に通うことを義務づけた。
③徴	満20才になった男子に兵役の義務を負わせた。
④地	土地の所有者に地券を交付し，地価の3％を地租として現金で納めることを義務づけた。→政府の財政が安定。
富国強兵	経済を発展させ，強い軍隊をもつこと。
⑤殖	工業をさかんにする政策。群馬県の富岡製糸場など官営工場が開かれた。
⑥文	東京などの都市を中心に，西洋の文化が積極的に取り入れられた。

資料

▽廃藩置県による変化

1871年7月	3府302県
1871年11月	3府72県
1888年12月	1道3府43県

▽学制に関する布告

> 一般の人民は，必ず村で学校に行かない家がなく，家に学校に行かない人がいないようにしなければならない。　（部分要約）

▽徴兵令に関する布告

> 全国の20才になった男子は，いざというときに備えて皆兵役につかないといけない。　（部分要約）

▽地租改正で交付された地券

▽地租改正による変化

	地租改正前（江戸時代）	地租改正後
基準	収穫高	地価
納税者	土地の耕作者	土地の所有者
納めるもの	現物（米など）	現金
税率	50％前後	3％（のちに2.5％）

▽殖産興業のもと建てられた富岡製糸場

▽文明開化の様子

もの知りクイズ

Q1 1872年に日本で初めて開通した鉄道は、東京の新橋とどこを結んでいた？
Q2 明治時代に西洋の文化が広まり、日本でも食べられるようになったものはどれ？
　　　　　　　　ア　カレーライス　　イ　天ぷら　　ウ　カステラ

2 近代国家の歩みについて、調べ学習をしています。あとの資料を見て、◯にあてはまる言葉を書き、年表を完成させましょう。

年	1874	1877	1880	1881		1882	1885	1889	1890
できごと	民撰議院設立の建白書を政府に提出　→自由民権運動の始まり	① 戦争 が起こる	国会期成同盟の結成	国会開設の勅諭　→10年後の国会開設を約束	② 板 が自由党を結成する	大隈重信が立憲改進党を結成する	内閣制度がつくられる　③ 伊 が初代の内閣総理大臣になる	④ 大 が発布される	第1回衆議院議員選挙

資料 ▼西南戦争の様子

板垣退助（1837〜1919）

わたしは、1874年に民撰議院設立の建白書を政府に提出しました。政府が国会の開設を約束すると、自由党という政党を結成しました。

伊藤博文（1841〜1909）

わたしは、内閣制度がつくられると初代の内閣総理大臣となり、大日本帝国憲法の制定に力をつくしました。

▼大日本帝国憲法の主な内容

第1条　日本は、万世一系（永久に続く同じ家系）の天皇が治める。
第3条　天皇は神のように尊いものである。
第11条　天皇は陸海軍を統率する。

（一部要約）

ノートにまとめる

● 明治新政府の改革…学制、徴兵令、地租改正などの政治改革が進む。
● 近代国家の成立…自由民権運動によって国会開設、憲法制定の動きが広まる。
　▶天皇が主権を持つ大日本帝国憲法が成立。

11 明治の国づくり

答え▶13ページ

標準 レベル　トライしよう

1 明治時代に起きた日清戦争・日露戦争についてまとめています。あとの資料を見て，□□□にあてはまる言葉を書き，次のまとめ１・２を完成させましょう。

まとめ１　日清戦争 (1894〜1895年)

- 戦争に勝利した日本は1895年に ① [　　　] 条約を結ぶ。
- ロシア・フランス・ドイツによる三国干渉が行われる。

  → ② リ [　　　] 半島 を清に返す。
- 日本では，下関条約で得た賠償金をもとに八幡製鉄所が九州につくられる。

  →重工業が発達していく。

まとめ２　日露戦争 (1904〜1905年)

- 日露戦争が始まると，日本は日英同盟を結んだイギリスや，アメリカの支援を受ける。

  → ③ 与 [　　　] らは戦争に反対。
- 東郷平八郎らの活やくによって日本海での戦いに勝利。
- アメリカの仲介で講和会議が開かれ，④ [　　　] 条約が結ばれる。

  →賠償金を得ることができなかったため，日比谷焼き打ち事件などの暴動が起こる。

▽ポーツマス条約の内容

- ロシアは韓国における日本の優越権を認める。
- ロシアは，リュイシュン (旅順)・ターリエン (大連) を借りる権利を日本にゆずりわたす。
- 北緯50度以南の樺太 (サハリン) を日本にゆずりわたす。 (部分要約)

資料　▽下関条約の内容

- 清は日本に賠償金を支払う。
- 清は朝鮮の独立を認める。
- リャオトン半島，台湾，ポンフー諸島を日本にゆずる。 (部分要約)

▽下関条約で獲得した領土の位置

リャオトン半島　ロシア　朝鮮　清　日本　台湾　ポンフー諸島　500km

下関条約で日本が獲得した領土…■

与謝野晶子 (1878〜1942)

わたしは，日露戦争に出兵した弟を思って，「君死にたまふことなかれ」の詩を発表しました。

▽日清・日露戦争の比較

	日清戦争	日露戦争
亡くなった人の数	1.4万人	8.5万人
戦争にかかった費用	2.3億円	18.3億円
賠償金	あり (2億テール)	なし

(「日本長期統計総覧」ほか)

もの知りクイズ

Q3 日清戦争が始まった1894年，東京以外の場所で帝国議会が開かれた場所はどこ？
ア　岡山市　　イ　長崎市　　ウ　広島市

Q4 北里柴三郎が留学したヨーロッパの国はどこ？

2 日本が世界に進出した時代について，調べ学習をしています。あとの資料を見て，□にあてはまる言葉を書き，年表を完成させましょう。

年	1871	1883	1886	1890	1894	1895	1911	1918
できごと	①　が欧米に派遣される	外務大臣の井上馨が鹿鳴館を建てる（欧化政策）	②　が和歌山県沖で起こる　事件	③北　が破傷風の血清療法を発見する	④陸　が領事裁判権（治外法権）をなくすことに成功する	樋口一葉が小説「たけくらべ」を発表する	⑤小　が関税自主権の回復に成功する	⑥野　が黄熱病の研究を始める

資料

▼岩倉使節団

▼ノルマントン号事件

和歌山県沖で船が沈没し，日本人乗客が全員亡くなった事件。外国人の船長が軽い罪だったため，外国の領事裁判権（治外法権）をなくす世論が高まった。

小村寿太郎（1855〜1911）

わたしは，外国と交渉し，関税自主権の回復に成功しました。

▼日本の科学や文化の発展

分野	人物	功績・作品
科学	北里柴三郎	破傷風の血清療法の発見
	野口英世	黄熱病の研究
小説	夏目漱石	「坊っちゃん」など
	樋口一葉	「たけくらべ」など

ノートにまとめる

● 日清戦争…下関条約のあと，三国干渉でリャオトン半島を清に返す。

● 日露戦争…ポーツマス条約で賠償金がとれなかったため，各地で暴動が起きる。
　▶中国，ロシアに対する勝利は欧米諸国に日本の力を認めさせた。

● 条約改正の動き…1894年，陸奥宗光が領事裁判権（治外法権）をなくすことに成功し，1911年，小村寿太郎が関税自主権の回復に成功した。

11 明治の国づくり

答え▶13ページ

ハイレベル

マスターしよう

1 明治政府の政策と近代国家への歩みについて，次の問いに答えましょう。

(1) 明治政府の①～④の政策の説明を，あとからそれぞれ選びましょう。

①　学制　　②　版籍奉還　　③　廃藩置県　　④　徴兵令

①(　　　) ②(　　　) ③(　　　) ④(　　　)

㋐　満20才になった男子に兵役を義務づけた。

㋑　藩を廃止して県を置き，3府に府知事を，各県に県令を派遣した。

㋒　満6才になった男女が小学校に通うことを義務づけた。

㋓　各藩の藩主に土地と人民を天皇に返させた。

(2) 地租改正の説明である次の文のA，Bにあてはまる言葉を書きましょう。

A(　　　　　) B(　　　　　)

土地の所有者に証明書である(A)を発行し，地価の3%を地租として(B)で納めることを義務づけた。

(3) 明治時代に活やくした人物について，次のa～dの説明と人物の正しい組み合わせを，あとから選びましょう。　(　　　)

a　民撰議院設立の建白書を政府に提出し，のちに自由党を結成した。

b　士族からなる軍の中心となって西南戦争を起こした。

c　内閣制度がつくられると，初代の内閣総理大臣になった。

d　国会の開設が約束されると，立憲改進党を結成した。

㋐　a－大隈重信　　㋑　b－西郷隆盛

㋒　c－板垣退助　　㋓　d－伊藤博文

(4) 資料1は大日本帝国憲法の一部です。資料1中の□に共通してあてはまる言葉を書きましょう。

(　　　　　)

資料1

第1条　日本は，万世一系（永久に続く同じ家系）の□が治める。
第3条　□は神のように尊いものである。
第11条　□は陸海軍を統率する。

(5) 資料2は明治時代初期の東京の様子をかいた絵です。このころ，広まった文明開化の風潮とはどのようなものか，「西洋」の言葉を使って簡単に書きましょう。

(　　　　　　　　　　)

資料2

もの知り
クイズ
の答え

Q1 横浜　Q2 ア
Q3 ウ　Q4 ドイツ

Q1 日本の鉄道は2022年に開通150周年を迎えたよ。　Q3 1894年の第7回帝国議会は，日清戦争の大本営が置かれた広島市で開かれたんだ。これが東京以外で国会が開かれた唯一の例だよ。

❷ 明治時代に起きた戦争や条約の改正について，次の問いに答えましょう。

(1) 次の㋐〜㋓は，日清戦争・日露戦争のいずれかについて説明しています。日清戦争について説明したものを，2つ選びましょう。　（　　　）（　　　）

㋐ 日本海での戦いで東郷平八郎らが活やくした。

㋑ この戦争の賠償金で八幡製鉄所がつくられた。

㋒ アメリカの仲介によって講和が実現した。

㋓ 朝鮮で起きた内乱をきっかけに開戦した。

(2) 下関条約で日本が得たが，ロシア・フランス・ドイツによる三国干渉を受けて清に返した地域を，右の地図中のA〜Dから選びましょう。　（　　　）

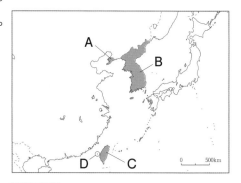

(3) ポーツマス条約が結ばれたあと，日比谷焼き打ち事件などの暴動が起こった理由を，資料を参考にして，簡単に書きましょう。

（

）

資料

	日清戦争	日露戦争
亡くなった人の数	1.4万人	8.5万人
戦争にかかった費用	2.3億円	18.3億円
賠償金	あり（2億テール）	なし

（「日本長期統計総覧」ほか）

(4) 条約の改正について，次のできごとを，起きた順に並べましょう。

（　　　）→（　　　）→（　　　）

㋐ 外務大臣の井上馨が鹿鳴館を建てた。

㋑ 外務大臣の小村寿太郎が関税自主権の回復に成功した。

㋒ 外務大臣の陸奥宗光が領事裁判権（治外法権）をなくすことに成功した。

💡思考力トレーニング　資料をくらべよう

次の資料は日清戦争と日露戦争における戦力を表したものです。2つの戦争に共通することを簡単に書きましょう。

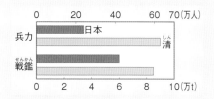

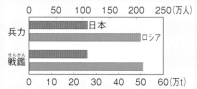

!ヒント

日本が戦争で対立した2つの国はどのような国かな？戦力からわかることを書こう。

12 大正時代から昭和時代へ

標準 レベル　トライしよう

1 第一次世界大戦が起きた時代について，調べ学習をしています。あとの資料を見て，□にあてはまる言葉を書き，年表を完成させましょう。

年	1914	1915	1917	1918	1918	1919	1920
できごと	第一次世界大戦が始まる →日本は ①[　同盟　]のもと、イギリスと同じ三国協商側で参戦	日本が中国に ②[　]の要求を出す	ロシア革命が起こる	第一次世界大戦が終わる	米の買い占めにより、価格が上昇し、③[　米　]が起こる 日本がロシアのシベリアに出兵する	朝鮮で三・一独立運動、中国で五・四運動が起こる ベルサイユ条約が結ばれる	④[　]連盟 が発足する
時代	⑤[　　　時代　　　]						

資料

▼第一次世界大戦前の国際関係

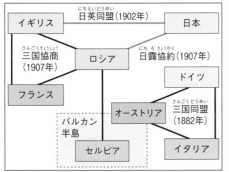

日英同盟（1902年）
イギリス ─ 日本
三国協商（1907年）
ロシア ─ 日露協約（1907年）
フランス
ドイツ
オーストリア ─ 三国同盟（1882年）
バルカン半島
セルビア ─ イタリア

▼二十一か条の要求

一　中国は，山東省におけるドイツの権益の処分について，ドイツと日本にまかせること。
一　日本の旅順・大連などを借りる権利を99年延長すること。
一　中国は，南満州・東部内蒙古の鉱山を掘る権利を，日本にあたえること。
（部分要約）

▼米騒動の様子

ウッドロー・ウィルソン（1856〜1924）

わたしは，1918年に「十四か条の平和原則」を発表しました。その提案をもとに，1920年に国際連盟が発足しました。

2 大正時代の民衆運動が起きた期間についてまとめています。次の資料を見て、年表を完成させましょう。

年	1911	1918	1922	1923	1925
できごと	①　社を結成する　　が、青鞜	原敬が内閣を組織する　→本格的な②　内閣	③　全国　の結成	関東大震災が起こる	治安維持法・　が成立する　④　法

わたしは、女性差別からの解放をめざして、1911年に青鞜社、1920年に新婦人協会を結成しました。女性の政治活動の自由などをうったえました。

平塚らいてう
（1886～1971）

資料　原敬
（1856～1921）

わたしが1918年に組織した内閣は、ほとんどを同じ政党の人で占めており、本格的な「政党内閣」といわれました。

水平社宣言

ここにわたしたちが、人間を尊敬することにより、自分たちを解放する運動を始めたことは当然である。

（部分要約）

▽有権者数の変化

年	1890	1902	1920	1928	1946	2016
オ（以上）	男25	男25	男25	男25	男女20	男女18
税（円）	15	10	3		国税の制限なし	

（1.1%）（2.2%）（5.5%）（20.0%）（48.7%）（83.6%）

全人口に占める有権者の割合

普通選挙法成立から初めての選挙

有権者数（万人）

ノートにまとめる

● ヨーロッパの国々の対立から、第一次世界大戦が始まる。
　▶ 日本は、イギリスとの日英同盟にもとづき三国協商側で参戦し、ドイツが権益を持つ中国の地域などを攻撃。→中国に対して二十一か条の要求。
● 世界大戦の講和条約としてベルサイユ条約が結ばれ、その後国際連盟が発足。
　▶ 朝鮮では、独立を求めて三・一独立運動が起こり、中国では、帝国主義に反対する五・四運動が起こった。
● 第一次世界大戦後、民主主義を求める大正デモクラシーの風潮が高まった。
　▶ 女性への差別や身分制度にもとづく差別をなくす運動が広まった。
　▶ 普通選挙法とともに、共産主義をとりしまる治安維持法が定められた。

答え▶14ページ

標準 レベル　　　　トライしよう

1 第二次世界大戦が起きた時代について，調べ学習をしています。あとの資料を見て，◯にあてはまる言葉を書き，年表を完成させましょう。

年	1929	1930	1931	1932	1933	1936	1937	1939	1941
できごと	① 慌 が起こる	日本で不況（昭和恐慌）が起こる	中国東北部で ② 事変 が起こる →日本は満州国を建てる	③ 事件 が起こる →首相の犬養毅が暗殺される	日本が国際連盟を脱退する	二・二六事件が起こる	④ 戦争 が始まる	第二次世界大戦が始まる	日本軍が →太平洋戦争が始まる ⑤ 湾 を攻撃する
時代	昭和時代								

資料 ▼世界恐慌の始まり
（アメリカのウォール街の様子）

▼満州事変のあとの東アジア

ソビエト連邦
モンゴル
新京（現在の長春）
ペキン（北京）
中国
日本
シャンハイ（上海）
■ 満州国
━ 南満州鉄道
500km

わたしは満州国の承認を先送りしたことから，五・一五事件で軍人におそわれました。

犬養毅（1855～1932）

▼日中戦争の広がり

■ 日本の範囲
← 日本軍の進路
ソビエト連邦
満州国
モンゴル
ペキン（北京）
朝鮮
日本
チョンチン（重慶）
ナンキン（南京）
ホンコン（香港）
台湾
中国
500km

▼太平洋戦争の広がり

ソビエト連邦
モンゴル
満州国
中国
朝鮮
日本
東京
広島
長崎
沖縄
太平洋
太平洋戦争始まる
ネパール
タイ
フィリピン（アメリカ領）
マニラ
マレー半島
シンガポール
真珠湾
ハワイ
アメリカ
オーストラリア
2000km
‖‖‖ 日本の最大進出線
→ 日本軍の攻撃進路

Q3 世界恐慌のきっかけとなったとされる，1929年10月24日に起きたアメリカの株の大暴落は，「暗黒の　　曜日」と呼ばれている。　　にあてはまる曜日は何？

Q4 第二次世界大戦中，ドイツから迫害されたユダヤ人のためにビザを発行したのはだれ？

2 戦争中の国民の様子について，調べ学習をしています。資料を見て，次の表を完成させましょう。

国民の動員	・戦時体制が強まり，戦争が長引くと，多くの国民が戦地に送られた。大学生など学生が召集される学徒出陣が行われた。 ・① ［　　動員　　］で，中学生や若い女性が工場で働かされた。
国民生活の制限	・生活に必要なものは，② ［　　制］や切符制になった。 ・都市部に住む小学生は，空襲をさけるため地方へ集団で③ ［　　　］した。
国民のぎせい	・各地の都市が空襲にあい，沖縄では地上戦で多くの人がぎせいとなった。 ・広島・④ ［　　　］に原子爆弾が投下された。

▼**勤労動員の様子**

▼**集団疎開の様子**

▼**空襲の被害**

- 空襲を受けた場所
- 原子爆弾が投下された場所

広島(8/6)
長崎(8/9)

0　200km

資料

　戦争で物資不足になると，国が管理する配給制になりました。米や衣類などが配給制となり，戦争が長引くにつれて，その量もへっていきました。

ノートにまとめる

🌐 **世界恐慌の影響で不景気になった日本は，海外に領土を求めた。**
▶ 満州事変を起こし，満州国を建てた。→満州国を認めない国際連盟を脱退。
▶ 五・一五事件，二・二六事件が起こり，日本の政党政治は終わった。
🌐 **太平洋戦争が始まると，戦時体制のもと，国民の生活が制限された。**
▶ 空襲などで，多くの国民がぎせいとなった。
▶ 広島・長崎に原子爆弾が投下された。

4章 歴史　近代から現代へ

12 大正時代から昭和時代へ

答え▶14ページ

★★★ **ハイ** レベル　　　　　　マスターしよう

❶ 次の問いに答えましょう。

(1) 資料1について，次の問いに答えましょう。

① 日本は何にもとづいて第一次世界大戦に参戦しましたか。資料1から選びましょう。

（　　　　　　　　）

② 第一次世界大戦に参戦した日本は，ある国が権益を持つ中国の地域を攻撃しました。ある国を資料1中から選びましょう。

（　　　　　　　　）

資料1 第一次世界大戦前の国際関係

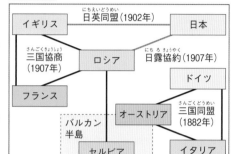

③ 資料2のできごとは，米の価格が上昇したことで発生しました。米の価格の上昇のきっかけとなったできごとを，資料1中の国名を使って簡単に書きましょう。

（　　　　　　　　　　　　　　　）

資料2

(2) ベルサイユ条約が結ばれた年に中国で起こった，帝国主義に反対する運動を何といいますか。　　　　　　（　　　　　　　　）

(3) 大正デモクラシーの風潮が高まった時代について，次の問いに答えましょう。

① 平塚らいてうについて説明した文を次から選びましょう。　　（　　　　　）

㋐ 本格的な政党内閣を組織した。

㋑ 「十四か条の平和原則」を発表した。

㋒ 女性差別からの解放をうったえた。

㋓ 身分制度の差別をなくすことをうったえた。

② 1925年に普通選挙法とともに成立した，共産主義を取りしまる法律を何といいますか。

（　　　　　　　　）

③ 普通選挙法が成立したことで，選挙権はどのように変わりましたか。資料3をもとに，簡単に書きましょう。

（　　　　　　　　　　　　　　　）

資料3 普通選挙法による有権者数の変化

年	1890	1902	1920	1928	1946	2016
オ(以上)	男25	男25	男25	男25	男女20	男女18
税(円)	15	10	3	国税の制限なし		

もの知りクイズの答え

Q1 ジュネーブ
Q2 ウ　Q3 木
Q4 杉原千畝

Q2 大正時代になって，女性が活やくする職業が増えたよ。
Q3 「暗黒の木曜日」の翌週，10月29日に起きた株の大暴落は「悲劇の火曜日」ともいうよ。

2 右の地図を見て，次の問いに答えましょう。

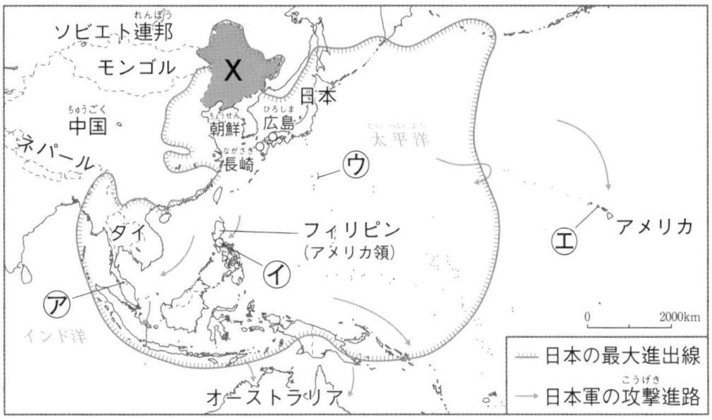

(1) 満州事変ののちに日本が建てた地図中のXの国を何といいますか。

（　　　　　）

(2) (1)の承認を先送りした結果，五・一五事件で暗殺された首相を次から選びましょう。

（　　　）

㋐ 原敬　㋑ 伊藤博文　㋒ 板垣退助　㋓ 犬養毅

(3) 1941年に日本軍が攻撃した真珠湾の位置を地図中の㋐～㋓から選びましょう。

（　　　）

(4) 1945年，地図中の広島・長崎に投下された新型爆弾を何といいますか。

（　　　　　）

(5) 戦時下の様子である右の写真について，子どもたちはどのような生活をしていたか，「空襲」の言葉を使って簡単に書きましょう。

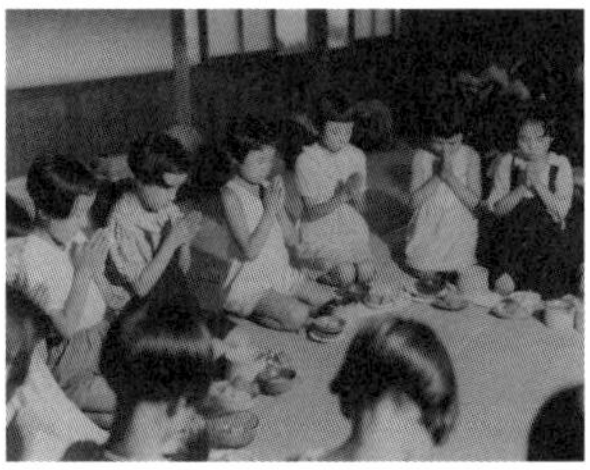

（　　　　　　　　　　　　　　　　　　　）

思考力トレーニング　ふさわしい資料を考えよう

太平洋戦争中には，戦争への協力を呼びかける標語がいくつもつくられました。下線の標語に関係の深い写真を選びましょう。

・ぜいたくは敵だ
・何のこれしき
戦地を思え
・ぼくらも戦う
職場の戦士

㋐
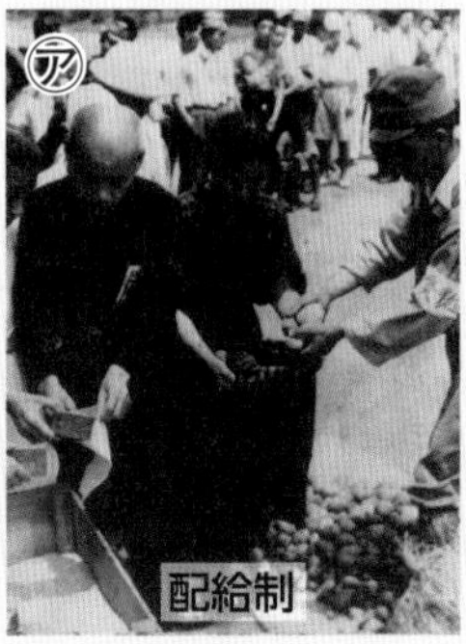
配給制

㋑
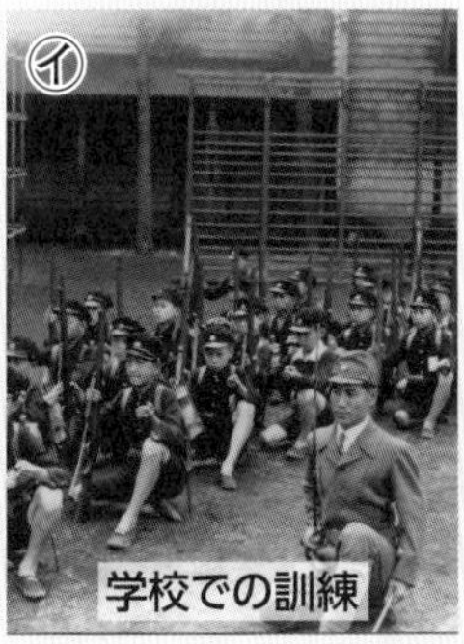
学校での訓練

㋒
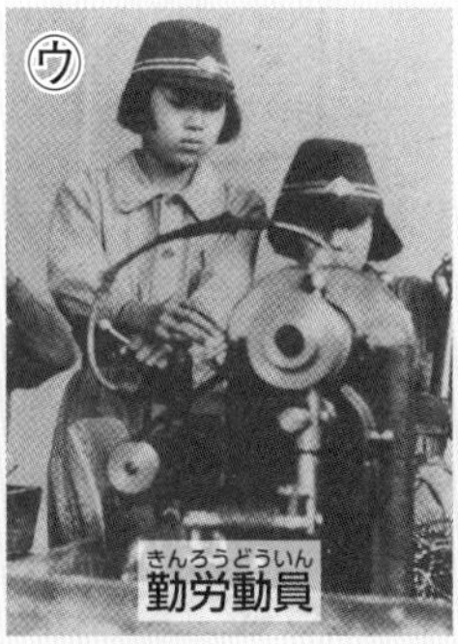
勤労動員

（　　　）

13 戦後の日本

トライしよう

標準 レベル

1 戦後の政治について，調べ学習をしています。あとの資料を見て，◯にあてはまる言葉を書き，年表を完成させましょう。

年	1945	1946	1951	1956	1972	1978	1989
できごと	①宣言を受け入れ、降伏する↓②改革がアメリカを中心とする連合国軍の占領下で始まる	日本国憲法が公布される	③・日米安全保障条約が結ばれる　平和条約	日本が国際連合に加盟する	沖縄が日本に復帰する	④条約が結ばれる　中国との間に	マルタ会談で宣言される⑤の終結が
時代	昭和時代						平成時代

資料

▼ポツダム宣言

7　日本に平和・安全・正義が確立されるまでは，連合国による占領が行われる。
8　日本の主権は，本州・北海道・九州・四国と連合国が定めた島のみに限る。
10　戦争犯罪人には厳罰をあたえる。日本は民主主義を復活させること。

（部分要約）

▼主な戦後改革

軍隊の解散	軍隊を持つことが禁止された。
財閥の解体	日本経済に大きな影響をあたえていた大会社を解散させた。
女性の参政権	選挙権は満20才以上のすべての男女に認められた。
農地改革	地主が持つ土地を買い上げ，土地を持たない農民に安く売った。

▼サンフランシスコ平和条約の調印式の様子

▼日中平和友好条約

両締約国は，主権及び領土保全の相互尊重，相互不可侵，内政に対する相互不干渉，平等及び互恵並びに平和共存の諸原則の基礎の上に，両国間の恒久的な平和友好関係を発展させるものとする。（一部）

▼冷戦の終結が宣言されたマルタ会談の様子

2 戦後（せんご）の経済（けいざい）や文化などについてまとめています。資料を見て，次の表を完成させましょう。

経済（けいざい）	・1955年～1973年は産業の発展（はってん）が急速に進み，① **成長** と呼ばれた。 ・1980年代には，株（かぶ）や土地が異常に高くなる② **経済** が発生 →1991年に崩壊（ほうかい）し，不況（ふきょう）となった。	資料 ▼日本の経済（けいざい）成長  ＊《 は，前後で統計を取る方法が異なるため連続しない。 高度経済成長　バブル経済 国民総生産（兆円）　経済成長率（％） 経済成長率 国民総生産 昭和（しょうわ）↔平成（へいせい） 1955 60 65 70 75 80 85 90 95 2000 05 10 15 17年 （内閣府資料ほか）
国民生活	電化製品が家庭に広まった。テレビ（白黒テレビ），電気冷蔵庫（れいぞうこ），電気洗濯機（せんたくき）は③ 　　　　と呼ばれ，その後，カー（自動車），クーラー，カラーテレビの3Cが広まった。	▼三種（さんしゅ）の神器（じんぎ） 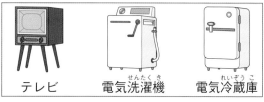 テレビ　電気洗濯機（せんたくき）　電気冷蔵庫（れいぞうこ）
文化	・1964年に東京（とうきょう）オリンピック・パラリンピックが開かれた。それにともない④ 　　　　や高速道路などの交通網（もう）が整備された。2021年には2度目の東京（とうきょう）オリンピック・パラリンピックが開かれた。	▼東海道（とうかいどう）新幹線の開通 

ノートにまとめる

● 降伏（こうふく）した日本は，連合国軍の占領（せんりょう）下で，戦後改革（かいかく）を進めた。
　▶ 1951年にサンフランシスコ平和条約を結び，独立を回復した。同時に結んだ**日米（にちべい）安全保障（ほしょう）条約**によって日本国内にアメリカ軍基地が残った。

● 第二次（だいにじ）世界大戦（せかいたいせん）後，アメリカを中心とする西側とソ連（れん）を中心とする東側が対立した。直接の戦争をしなかったので**冷戦（れいせん）**と呼ばれた。→1989年に終結。

● 日本の経済（けいざい）は，高度経済（けいざい）成長で急速に発展（はってん）し，1968年には国民総生産額が世界第2位になった。国民の生活も豊かになり，**電化製品**が広まった。
　▶ 1964年と2021年に**東京（とうきょう）オリンピック・パラリンピック**が開かれた。

学習した日　　月　　日

13 戦後の日本

答え▶16ページ

ハイレベル　マスターしよう

1 次の問いに答えましょう。

(1) 資料1について，次の問いに答えましょう。

資料1 主な戦後改革

(A)の解散	(A)を持つことが禁止された。
(B)の解体	日本経済に大きな影響をあたえていた大会社を解散させた。
女性の参政権	選挙権は満(C)才以上のすべての男女に認められた。
農地改革	地主が持つ土地を買い上げ，土地を持たない農民に安く売った。

① 戦後改革を主導した連合国軍の中心となった国はどこですか。

(　　　　)

② 資料1中のA～Cにあてはまる言葉や数字をそれぞれ書きましょう。

A(　　　　)　B(　　　　)　C(　　　　)

③ 資料1中の農地改革によって農村に起きた変化を，右の資料2を参考にして簡単に書きましょう。

(　　　　)

資料2

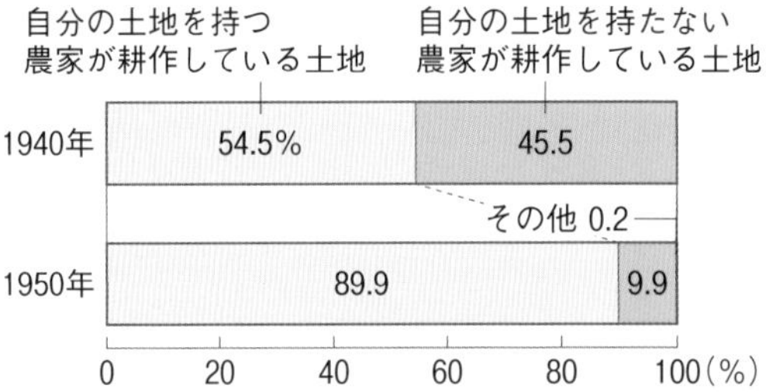

自分の土地を持つ農家が耕作している土地
自分の土地を持たない農家が耕作している土地
1940年
54.5%
45.5
その他 0.2
1950年
89.9
9.9
0
20
40
60
80
100(%)

(「完結昭和国勢総覧」ほか)

(2) 1951年にサンフランシスコ平和条約を結んだことによって日本に起きたことを，次から選びましょう。(　　)

㋐ 沖縄が日本に復帰した。　㋑ 日本国憲法が公布された。

㋒ 独立を回復した。　㋓ 国内にアメリカ軍基地が残された。

(3) 1956年に日本が加盟を認められた国際組織を何といいますか。

(　　　　)

(4) 1978年に日本と平和友好条約を結んだ国を，右の地図から選びましょう。(　　)

(5) 1989年に開かれたマルタ会談で終結が宣言された冷戦とはどのようなものか，「アメリカ」「ソ連」の言葉を使って簡単に書きましょう。

(　　　　)

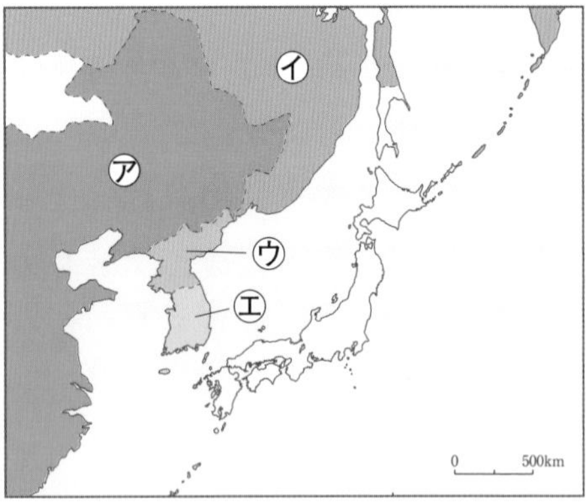

㋐
㋑
㋒
㋓
0
500km

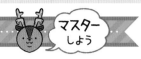

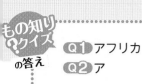

もの知りクイズの答え

[Q1] アフリカ
[Q2] ア

[Q1] 1年の間に17もの国々が独立することはめずらしく，1960年は「アフリカの年」と呼ばれているよ。 [Q2] 日本ではこれまでに2度の冬季オリンピックが開かれていて，1998年には長野県で開かれたよ。

2 次の問いに答えましょう。

資料　日本の経済成長

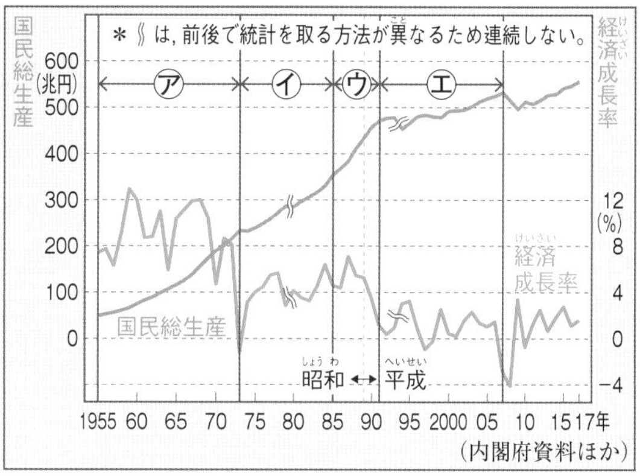

国民総生産
600 (兆円)
500
400
300
200
100
0
＊〃は，前後で統計を取る方法が異なるため連続しない。
㋐
㋑
㋒
㋓
経済成長率
12 (%)
8
4
0
−4
国民総生産
経済成長率
昭和 ↔ 平成
1955 60 65 70 75 80 85 90 95 2000 05 10 15 17年

（内閣府資料ほか）

(1) 資料の㋐～㋓のうち，①高度経済成長，②バブル経済と呼ばれる時期を，それぞれ選びましょう。

①（　　　）　②（　　　）

(2) バブル経済とはどのような経済状態ですか。「株」「土地」の言葉を使って簡単に書きましょう。

（　　　　　　　　　　）

(3) 戦後の国民の生活に広まった電化製品について，次の㋐～㋕を「三種の神器」と「3C」にそれぞれ分けましょう。

三種の神器（　　　　　）
3C（　　　　　）

㋐ カラーテレビ　㋑ 白黒テレビ　㋒ クーラー
㋓ 電気冷蔵庫　㋔ 自動車　㋕ 電気洗濯機

(4) 右の写真は，2021年に東京で開かれた国際的なスポーツ大会の様子です。このスポーツ大会を何といいますか。

（　　　　　　　　）

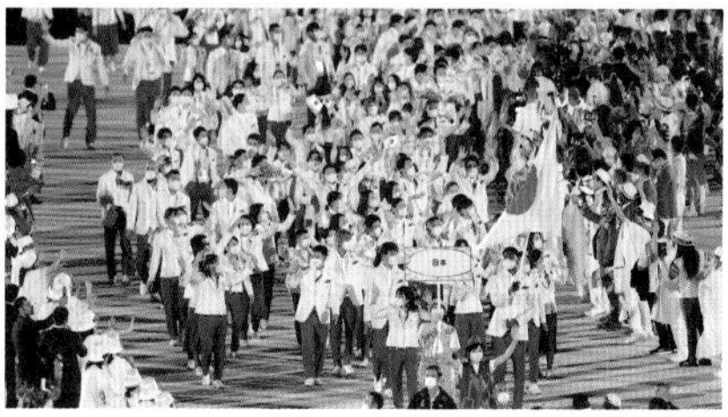

思考力トレーニング　問題を考えよう

選挙における有権者数の変化について調べています。右の資料を使って，あとの答えになる問題文を考えてみましょう。

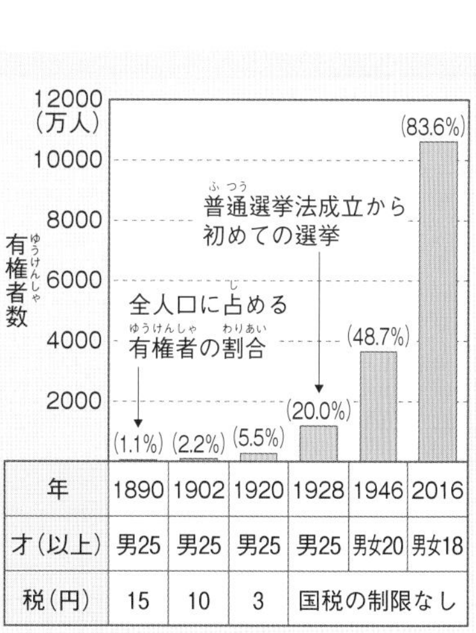

12000 (万人)
10000
8000
6000
4000
2000
有権者数
普通選挙法成立から初めての選挙
全人口に占める有権者の割合
(1.1%)
(2.2%)
(5.5%)
(20.0%)
(48.7%)
(83.6%)

年	1890	1902	1920	1928	1946	2016
才(以上)	男25	男25	男25	男25	男女20	男女18
税(円)	15	10	3	国税の制限なし		

答え　戦後改革によって，20才以上の男女に選挙権が認められたため。

答え▶18ページ

14 日本国憲法と基本的人権

標準 レベル　　　トライ しよう

1 日本国憲法の「基本的人権の尊重」について，調べ学習をしています。あとの資料を見て，◯にあてはまる言葉を書きましょう。

① 平◯ …個人の尊重と法のもとの平等を保障

② ◯権
- 思想や学問の自由（19条，23条）
- 居住・移転・職業を選ぶ自由（22条）

③ ◯権
- 健康で文化的な生活を営む権利（生存権）（25条）
- 働く人が団結する権利（28条）

④ ◯権
- 選挙で投票する権利（15条）
- 選挙に立候補する権利（44条）

▼請求権
- 裁判を受ける権利（32条）
- 国に補償を請求する権利（17条，40条）

など

▼新しい人権
- 環境権
- 自己決定権
- 知る権利

など

▼国民の義務

- 子どもに教育を受けさせる義務（26条）
- 仕事について働く義務（27条）
- ⑤ ◯を納める義務（30条）

> 様々な権利がある一方，国民には義務も定められています。子どもに教育を受けさせる義務，仕事について働く義務，税金を納める義務があります。

資料 ▼主な人権

平等権	個人の尊重と法のもとの平等を保障
自由権	思想や学問の自由，居住・移転・職業を選ぶ自由，など
社会権	生存権，教育を受ける権利，働く人が団結する権利，など
参政権	選挙で投票する権利，選挙に立候補する権利，など

▼自由権の分け方

精神の自由	思想・良心の自由，学問の自由，集会・結社・表現の自由，など
身体の自由	奴隷的拘束・苦役からの自由，逮捕や捜索のときの手続きの保障，など
経済活動の自由	居住・移転・職業を選ぶ自由，など

2 憲法について調べています。資料を見て，次のまとめを完成させましょう。

〈日本国憲法についてのまとめ〉

▼日本国憲法の三原則

政治の主体	生まれながらの権利①	戦争の放棄②
国民主権	の尊重	

日本国憲法における天皇の地位 ▶

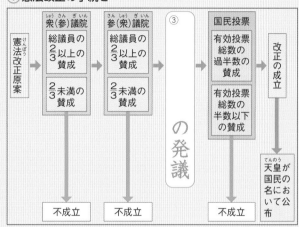

▼憲法改正の手続き

憲法改正原案	衆(参)議院 総議員の2/3以上の賛成 / 2/3未満の賛成	参(衆)議院 総議員の2/3以上の賛成 / 2/3未満の賛成	③ の発議	国民投票 有効投票総数の過半数の賛成 / 有効投票総数の半数以下の賛成	改正の成立
	不成立	不成立		不成立	天皇が国民の名において公布

第1条　天皇は，日本国の④[　　　　　]であり日本国民統合の④であって，この地位は，主権の存する日本国民の総意に基く。

資料 ▼日本国憲法の三つの原則について

国民主権	国民が政治の主役であり，国民のための政治が行われること。天皇は国や国民のまとまりの「象徴」である。
基本的人権の尊重	国民一人ひとりの人権を保障し，個人として尊重している。
平和主義	戦争を放棄し，二度と戦争はしない。軍隊を持たない。

▼憲法改正の手続きについて

憲法改正原案が国会に提出されると，衆議院と参議院で審議され，それぞれ総議員の3分の2以上の賛成で可決すれば，憲法改正の発議が行われる。そのあと，国民投票が行われ，有効投票の過半数の賛成が得られると改正が成立する。

ノートにまとめる

● 日本国憲法は，基本的人権の尊重，国民主権，平和主義の3つの原則がある。憲法を改正するには，国民投票などの手続きが必要である。

▶ 基本的人権の尊重…平等権，自由権，社会権など。近年は社会の変化にともなって新しい人権が主張されている。

▶ 国民主権…国の政治を進める主権は国民にある。天皇は国や国民全体の象徴。

▶ 平和主義…憲法第9条において，戦争の放棄と戦力の不保持を規定している。必要最小限度の実力として自衛隊を保持している。

14 日本国憲法と基本的人権

答え▶18ページ

ハイ レベル　　　　　　　　　　マスターしよう

1 次の問いに答えましょう。

(1) 次の国民の権利はそれぞれ何という権利にもとづいていますか。資料1から，それぞれ選びましょう。

① 個人の尊重や男女の平等を保障する。

（　　　　　　　　　）

② 一定の年齢になったら選挙で投票する権利を保障する。（　　　　　　　　　）

資料1

| 自由権 | 社会権 | 参政権 |

平等権
（個人の尊重と法のもとの平等）

(2) 資料1の自由権は，精神の自由，身体の自由，経済活動の自由に分けることができます。次の①〜④は，それぞれどの自由にあてはまるかを書きましょう。

① 言いたいことを発言できる。（　　　　　　　　　）

② 好きなところに住むことができる。（　　　　　　　　　）

③ 裁判所の許可がなければ逮捕されない。（　　　　　　　　　）

④ 好きな勉強をすることができる。（　　　　　　　　　）

(3) 資料1の社会権のうち，生存権とはどのような権利ですか。「健康」「文化的」の言葉を使って簡単に書きましょう。

（　　　　　　　　　　　　　　　　　　　　　　　　　　　　　）

(4) 国民の義務について，次の資料2を見てあとの問いに答えましょう。

資料2 国民の義務

●子どもに（　A　）を受けさせる義務(26条)　●（　B　）について働く義務(27条)　●（　C　）を納める義務(30条)

① 資料2のA〜Cにあてはまる言葉をそれぞれ書きましょう。

A（　　　　　　　）　B（　　　　　　　）　C（　　　　　　　）

② 次のうち，国民の義務にあてはまるものはどれですか。（　　　　）

㋐ 裁判所で裁判を受けた。　　㋑ 選挙が行われたので投票をした。

㋒ 食料を買った時に消費税を払った。

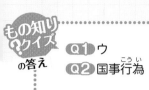

もの知りクイズの答え

Q1 ウ
Q2 国事行為

Q1 ワイマール憲法は，第一次世界大戦後のドイツで1919年に制定されたんだよ。**Q2** 天皇の国事行為には内閣総理大臣の任命や国会の召集などがあり，内閣が責任を負うことが憲法に定められているよ。

2 右の資料を見て，次の問いに答えましょう。

資料

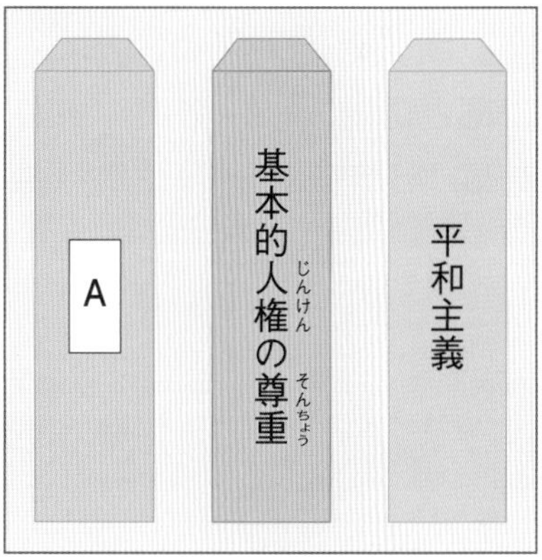

(1) 資料のAには，「国民が政治の主役であり，政治は国民のために行われる」という原則を示す言葉があてはまります。これを何といいますか。

(　　　　　　　)

(2) (1)の原則において，天皇の地位とはどのようなものですか。簡単に書きましょう。

(　　　　　　　)

(3) 資料の平和主義のもと，戦争を放棄し，二度と戦争をしないことを宣言している日本国憲法の条文は第何条ですか。

(　　　　　　　)

(4) 日本が必要最小限度の実力として保持し，災害が起きたときなどにも活動している組織を何といいますか。

(　　　　　　　)

(5) 憲法改正について，憲法改正原案が国会に提出されたあとの手続きについて，次の㋐～㋓を正しい順番に並べなさい。(　　→　　→　　→　　)

㋐ 憲法改正の発議が行われる。

㋑ 国民投票が行われ，有効投票の過半数の賛成が得られる。

㋒ 衆議院と参議院でそれぞれ総議員の３分の２以上の賛成で可決される。

㋓ 天皇が国民の名で公布する。

思考力トレーニング　どうするか考えよう

右の資料を見て，日本の働く女性の平等権における問題点とその解決方法を簡単に書きましょう。

資料 年齢ごとの働いている女性の割合

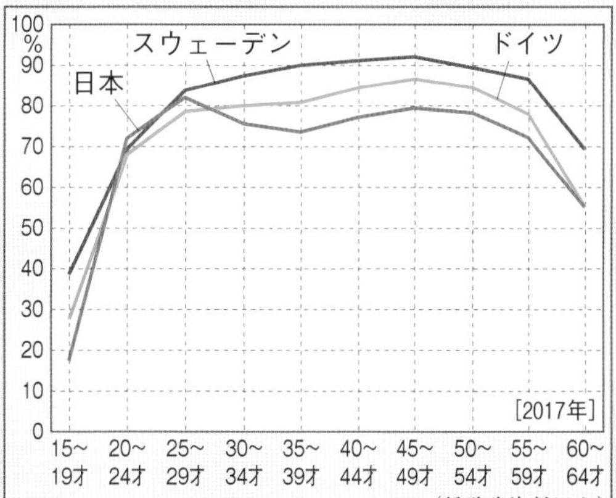

（総務省資料ほか）

5章 政治のしくみ

答え▶19ページ

15 国の政治

標準 レベル

トライ
しよう

1 国会を構成する議院と，国会議員の選ばれ方について，調べ学習をしています。あとの資料を見て，□にあてはまる言葉を書き，表を完成させましょう。

議院の名前	① 　　　院	② 　　　院
議員の人数	465人 ● ③ 　　　区…289人 ● ④比 　　　…176人	248人 ●選挙区…148人 ● ④ 　　…100人
議員になれる年齢	満25才以上	満30才以上
議員の選挙で投票できる年齢	どちらも，満 ⑤ 　　才以上	

(2023年1月現在)

資料1

▼国会議事堂

衆議院　　参議院

資料3

▼2016年の選挙で初めて投票できるようになった18才の高校生

資料2　▼衆議院の小選挙区選挙のしくみ

A候補　　B候補　　C候補
400票　　300票　　150票
当選　　落選　　落選

全国を小選挙区に分けて行います。1つの小選挙区から当選できるのは1人だけです。

多くの票を得た政党ほど，多くの議席を得ます。衆議院では全国をいくつかの区に分けて，参議院ではひとまとめにして行います。

▼比例代表選挙のしくみ
（6人を選ぶ場合の例）

A党　　B党　　C党
400票　　300票　　150票
3人当選　　2人当選　　1人当選

2 国会の働きについてまとめています。あとの資料を読んで，□にあてはまる言葉を書き，文と図を完成させましょう。

▽国会の主な仕事

●国の唯一の ① □□□□ 機関として，法律をつくる。

●国会議員の中から，内閣総理大臣を指名する。

●国の1年間のお金の出入りの計画である，
② □□□□ を決める。

●日本国憲法の ③ □□□□ を発議する。

▽法律ができるまで

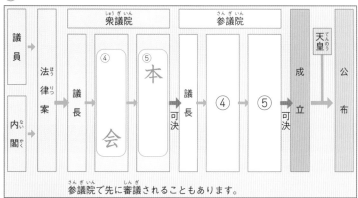

参議院で先に審議されることもあります。

　　法律案は，その内容にくわしい議員が集まった委員会で審議されたあと，本会議で多数決によって採決されます。衆議院と参議院の両方の本会議で可決されると，法律として成立します。

資料

▽日本国憲法（一部）

第41条
国会は，国権の最高機関であって，国の唯一の立法機関である。

第67条　第1項
内閣総理大臣は，国会議員の中から国会の議決で，これを指名する。この指名は，他のすべての案件に先だって，これを行う。

第86条
内閣は，毎会計年度の予算を作成し，国会に提出して，その審議を受け議決を経なければならない。

第96条（部分）
この憲法の改正は，各議院の総議員の三分の二以上の賛成で，国会が，これを発議し，国民に提案してその承認を経なければならない。

ノートにまとめる

◉ 国会には衆議院と参議院という2つの議院がある。
　▶ 衆議院は小選挙区と比例代表，参議院は選挙区と比例代表の選挙で議員が選ばれる。

◉ 満18才以上の国民に選挙権がある。

◉ 国会は，国の唯一の立法機関として法律をつくる。そのほか，国の予算を決定したり，国会議員の中から内閣総理大臣を指名したりすることも，国会の仕事である。

▽衆議院の本会議

5章 政治のしくみ

15 国の政治

答え▶19ページ

標準 レベル　　　　　　　　　　トライ しよう

1 内閣についてまとめています。あとの資料を見て，次の文や図を完成させましょう。

▽内閣の主な仕事

●法律や予算にもとづき，実際の政治（行政）を行う。

●法律案や予算を国会に提出する。

●国会の召集や衆議院の ① ［　　　　］ を決める。

●外国との交渉をしたり，外国との約束である

② ［　　　　］ を結んだりする。

▽閣議

内閣は，国会で指名された

③ ［ 内閣 ］ と，

③に任命された19人以内の

④ ［ 国 ］ でつくられ

ます。
　内閣の方針は，内閣の全員が参加する閣議という会議で決まります。

▽内閣と12の府・省

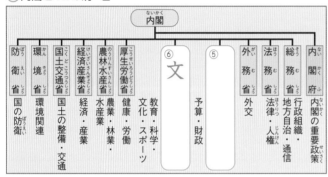

内閣

防衛省	環境省	国土交通省	経済産業省	農林水産省	厚生労働省	⑥文	⑤	外務省	法務省	総務省	内閣府
国の防衛	環境関連	国土の整備・交通	経済・産業	農業・林業・水産業	健康・労働	教育・科学・文化・スポーツ	予算・財政	外交	法律・人権	地方自治・通信	行政組織・内閣の重要政策

資料1

▽日本国憲法（一部）

第7条（部分）
　天皇は，内閣の助言と承認により，国民のために，左の国事に関する行為を行う。
　3　衆議院を解散すること。

第66条　第1項（部分）
　内閣は，その首長たる内閣総理大臣及びその他の国務大臣でこれを組織する。

第73条（部分）
　内閣は，他の一般行政事務の外，左の事務を行う。
　1　法律を誠実に執行すること。
　2　外交関係を処理すること。
　3　条約を締結すること。
　5　予算を作成して国会に提出すること。

資料2

▽主な省の仕事

●財務省
　税金など，政府の財産を管理する。

●文部科学省
　学校や文化の発展に関する政策を受け持つ。

●国土交通省
　川など国土の管理や，道路・鉄道・港に関する政策を行う。

●農林水産省
　農業や林業，水産業をさかんにする政策を行う。

Q3 内閣の定例で行われる閣議は，毎週火曜日と何曜日に開催される？

Q4 最高裁判所には，「法の女神」とされるテミスをモデルにした像が置かれている。この神様が出てくるのは，どこの国の神話？　　　ア　ギリシャ　イ　日本　　ウ　インド

2 裁判所について，調べ学習をしています。右の資料を見て，◯にあてはまる言葉を書き，文を完成させましょう。

▼裁判所の主な仕事

●法律にもとづいて裁判を行う（司法）。
　○人と人の間の争いについて判断する。
　○罪を犯した疑いがある人の有罪・無罪や，有罪だった場合の罰を判断する。
　→ ① ◯◯◯◯◯制度では，一般の人も①として刑事裁判に参加し，裁判官と一緒に判決を決める。

●法律や政治が② ◯◯◯に違反していないかを判断する。

資料

▼裁判員制度での裁判官と裁判員の席

※模擬裁判の様子

日本では，一般の国民から選ばれた裁判員が判決に参加する「裁判員制度」があります。対象になるのは重大な犯罪についての刑事裁判の第一審のみです。この制度によって，裁判が国民にとって身近なものになることなどが期待されています。

3 三権（立法権，司法権，行政権）が国の重要な役割を分担する三権分立のしくみを，まとめています。◯にあてはまる言葉を書き，図を完成させましょう。

▼三権分立

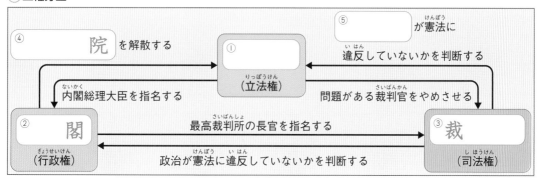

⑤ ◯◯◯◯が憲法に違反していないかを判断する

④ ◯◯◯院を解散する

① ◯◯◯（立法権）

内閣総理大臣を指名する

問題がある裁判官をやめさせる

② ◯閣（行政権）

最高裁判所の長官を指名する

③ ◯裁（司法権）

政治が憲法に違反していないかを判断する

ノートにまとめる

● 内閣は，内閣総理大臣と**国務大臣**でつくられ，法律にもとづいて実際の政治（行政）を行う。内閣総理大臣は国会が指名する。

● 裁判所は，裁判を行う（司法）。裁判員制度が取り入れられている。

● 国会（立法権），内閣（行政権），裁判所（司法権）は，国の政治の役割を分担し，たがいの権力の行きすぎをおさえている。このしくみを三権分立という。

15 国の政治

答え▶19ページ

ハイレベル マスターしよう

1 次の資料を見て，あとの問いに答えましょう。

資料1 国会の２つの議院

議院の名前	衆議院	参議院
議員の人数	465人	（ A ）人
議員の選ばれ方	・小選挙区 ・比例代表	・選挙区 ・比例代表
議員になれる年齢	満25才以上	満30才以上
議員の選挙で投票できる年齢	どちらも満（ B ）才以上	

資料2 法律ができるまで

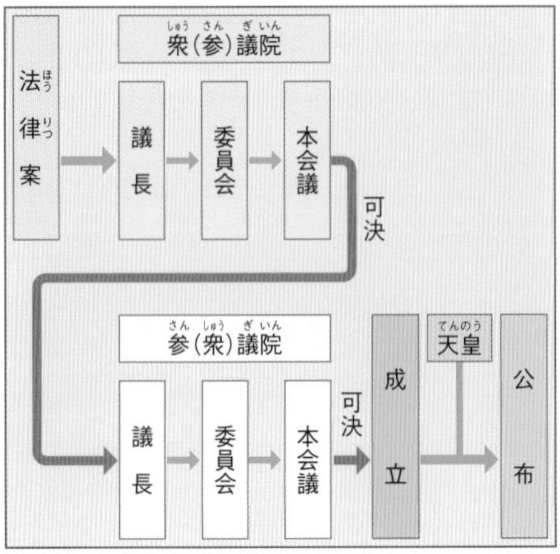

(1) 資料１のAにあてはまる数字を，次から選びましょう。（　　）

㋐ 248　　㋑ 465　　㋒ 682

(2) 資料１の「議員の選ばれ方」のうち，次の文にあてはまる選挙制度をそれぞれ書きましょう。

① １つの選挙区から１人だけが当選する。（　　）

② 政党が得た票の多さに合わせて，当選者数が決まる。（　　）

(3) 資料１のBにあてはまる数字を書きましょう。

（　　）

(4) 次の①・②にあてはまる言葉をそれぞれ書きましょう。

資料２は，日本国憲法が国会を「国の唯一の立法機関」と定めていることにもとづいて，（　①　）がつくられるまでの流れを示しています。（　①　）が成立するには，衆議院と参議院の両方の（　②　）で，多数決によって可決される必要があります。　①（　　）　②（　　）

(5) 国会は，どのような人の中から内閣総理大臣を指名しますか。

（　　）

(6) 国会が決定する，国の１年間のお金の出入りの計画を何といいますか。

（　　）

(7) 次の文の（　　）にあてはまる言葉をあとから選びましょう。（　　）

●国会の憲法改正の発議には，衆議院と参議院の（　　）の賛成が必要である。

㋐ どちらかで総議員の過半数　　㋑ どちらかで総議員の３分の２以上

㋒ 両方で総議員の過半数　　㋓ 両方で総議員の３分の２以上

もの知り?クイズの答え

[Q1] イ　[Q2] 赤色
[Q3] 金曜日
[Q4] ア

[Q1] 国会議事堂の中央広間には，板垣退助，大隈重信，伊藤博文の銅像が置かれているよ。[Q4] 最高裁判所の像は，右手に正義や力を象徴する剣，左手には公正や平等を象徴するてんびんを持っているよ。

2 次の問いに答えましょう。

(1) 資料1を見て，内閣の仕事を次から2つ選びましょう。（　　）（　　）

㋐ 法律にそって実際の政治を行うこと。
㋑ 法律を制定すること。
㋒ 外国との交渉をすること。
㋓ 参議院の解散を決めること。
㋔ 予算を審議すること。

(2) 資料2は，重大な犯罪の疑いがある人の有罪・無罪を判断する裁判の様子です。このように，一般の国民から選ばれた人が，裁判官と一緒に裁判を行う制度を何といいますか。

（　　　　）

(3) 資料3は，国の仕事を三権に分け，たがいにチェックするしくみを示しています。

① A・Bにあてはまる言葉を書きましょう。

A（　　　　）　B（　　　　）

② 資料3に→で示した，裁判所が国会に対して行う役割の1つを，「憲法」の言葉を使って簡単に書きましょう。

（　　　　）

資料1 内閣の仕事

日本国憲法第73条（部分）
1　法律を誠実に執行すること。
2　外交関係を処理すること。
3　条約を締結すること。
5　予算を作成して国会に提出すること。

資料2

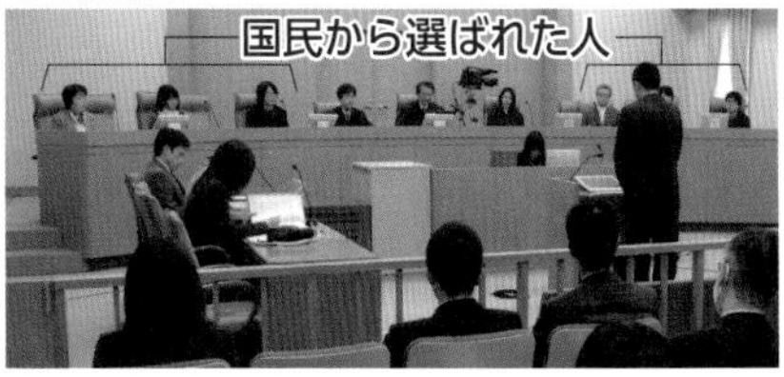

資料3

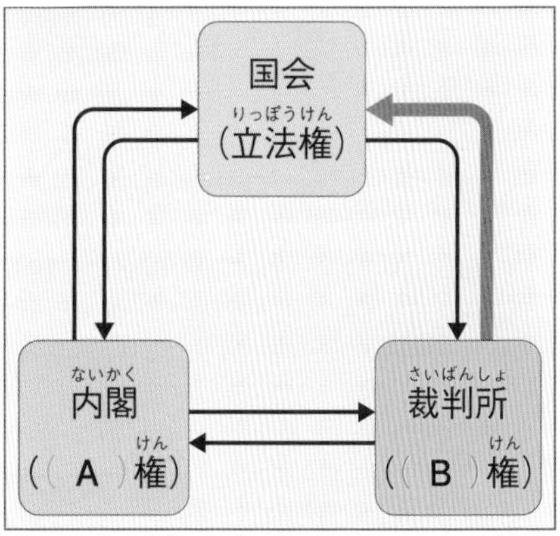

思考力トレーニング 問題を考えよう

主権者である国民と，国の三権とのつながりを右の資料のように表しました。あとの答えになるような問題文を考えてみましょう。

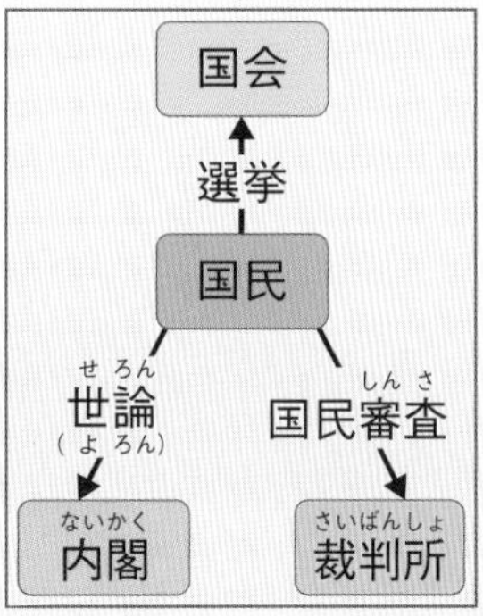

ヒント
答えの文が資料の中のどの関係のことを示しているのかを考えてみよう。

答え　選挙や国民審査のような制度ではない形で関係している。

16 地方の政治と様々な税金

答え▶20ページ

標準 レベル　トライ しよう

1 都道府県や市区町村の政治を，住民が中心となって進める「地方自治」について まとめています。資料を見て，次の図と文を完成させましょう。

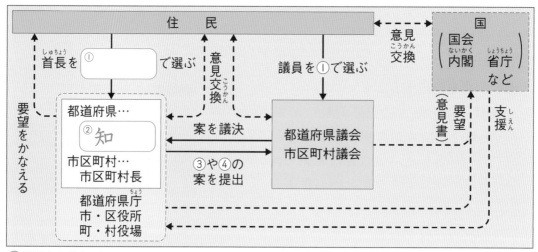

住民

首長を①〔　　〕で選ぶ　意見交換　議員を①で選ぶ　意見交換　国

都道府県…　②知〔　〕　案を議決　都道府県議会 市区町村議会　要望　支援

市区町村… 市区町村長　③や④の 案を提出

要望をかなえる　都道府県庁 市・区役所 町・村役場

国 国会 内閣 省庁 など

（意見書）

▼都道府県議会・市区町村議会の主な仕事

●その都道府県や市区町村だけの決まりである ③〔　　　　〕を定める。

●その都道府県や市区町村のお金の出入りの計画である ④〔　　　　〕を決める。

資料1

▼都道府県の知事選挙のポスター掲示板

資料3

▼市議会での予算の採決

資料2

▼条例の例（埼玉県川口市の「児童センター 設置および管理条例」）

第1条（部分）
本市は，児童に健全な遊びをあたえて， その健康を増進し，情操をゆたかにす ることを目的として，児童センターを 設置する。

第3条（部分）
センターは，児童に対する遊びの指導 や，児童の健全な育成に必要な活動に 関する業務を行う。

第6条（部分）
センターの開所時間は，午前9時から 午後6時までとする。

2 国や都道府県・市区町村のお金の出入りについて，まとめています。あとの資料を見て，□□にあてはまる言葉を書き，表と図を完成させましょう。

▼ ①［　　　　　　　　］…国や都道府県・市区町村の最も中心的な歳入（収入）

● 会社に勤めている人・商売をしている人から…所得税 →国へ

● 品物を買った人から… ②［　　税　　］ →国へ →都道府県へ

● 都道府県・市区町村の住民から… ③［　　　税　　］ →都道府県へ →市区町村へ

● 土地や建物を持っている人から…固定資産税 →市町村へ

▼ **国の予算**

国債（国の借金）で得た歳入

国債（国の借金）を返すための歳出

● 歳入（収入）

そのほか 5.1

①［　　］・印紙 60.6%	公債 34.3

計 107.6 兆円

● 歳出（支出）

地方財政

33.7%	国債 22.6	14.6	そのほか 29.1

④［　　障　　］

（2022年度）
（「日本国勢図会」2022/23）

資料1

▼ 消費税込みの値札

お買得品
フルーツ缶各種
いずれも1個
本体価格 **98円**
税込価格 105.84円

税込みの値段

資料2

▼ 主な税金の種類

● 所得税
　給料や商売でかせいだお金にかかる税金。
● 住民税
　その地域に住む人が納める税金。
● 固定資産税
　土地や家などの所有にかかる税金。

資料3

▼ 社会保障の例（医療費の負担）

ノートにまとめる

● 都道府県は知事，市区町村は**市区町村長**をリーダー（首長）として，都道府県議会・市区町村議会を中心に政治を行う（**地方自治**）。

　▶ 住民は知事や市区町村長，地方議員を選挙で選ぶ。

● 国や都道府県・市区町村は，税金を集めて歳入（収入）にする。そのお金を国民の生活に関わることのために歳出（支出）している。

16 地方の政治と様々な税金

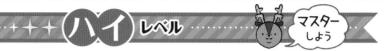

答え▶20ページ

ハイレベル マスターしよう

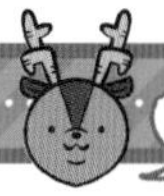

❶ 次の資料を見て，あとの問いに答えましょう。

資料1 住民と都道府県・市区町村の政治との関わり

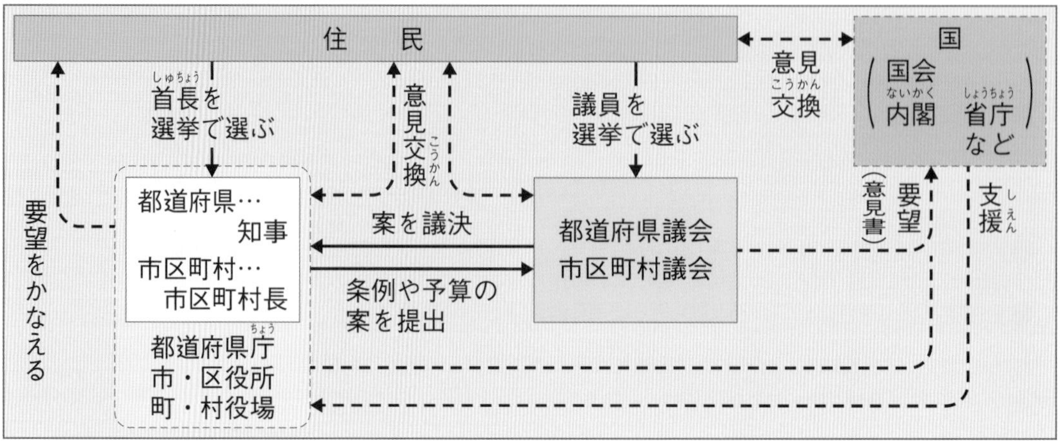

(1) 資料1のように，都道府県や市区町村といった「地方」の政治を，住民が自分たちで行うことを何といいますか。（　　　　）

(2) 資料1について，市区町村議会の議員はだれがどのようにして選びますか。

（　　　　）

(3) 資料1についてあてはまることを2つ選びましょう。（　　）（　　）

㋐ 住民は，都道府県議会・市区町村議会に対してのみ意見交換をする。

㋑ 市区町村長は，予算の案を市区町村議会に提出する。

㋒ 都道府県庁や市・区役所は，住民のために国に要望を出すことがある。

㋓ 住民は条例の案を都道府県議会に提出できる。

(4) 都道府県は，その都道府県だけの決まりである条例を定めることができます。

① このとき，条例を定めることを決定するのは，どこですか。

（　　　　）

② 条例の案は，①の議員が提出できるほか，都道府県庁の首長にあたる人も提出できます。この人を何といいますか。

（　　　　）

(5) 資料2で，市役所が国と県に対して行ったことと，それに対して国と県が市役所に行ったことを簡単に書きましょう。

（　　　　）

資料2 ある市で児童館ができるまで

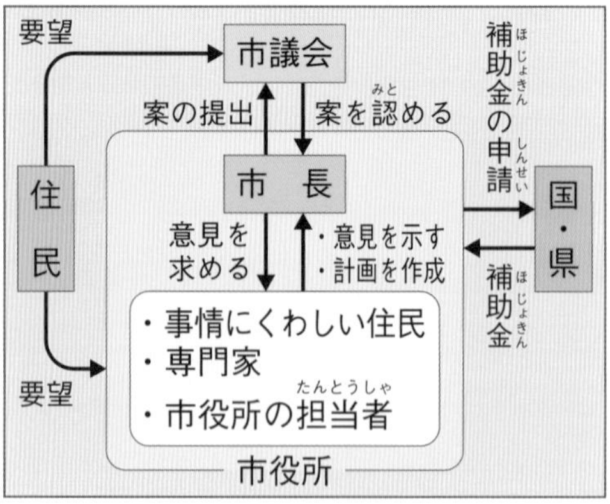

② 次の問いに答えましょう。

(1) 次の①～④にあてはまる税金を、資料1からそれぞれ選びましょう。

① 文房具屋でペンを買ったとき、税金がかかった。

（　　　　　　　　　　）

② 山梨県甲府市に引っ越して1年以上たったので、市役所に税金を納めた。

（　　　　　　　　　　）

③ 会社から受け取る給料の金額に応じて、給料の一部が国への税金として差し引かれた。

（　　　　　　　　　　）

④ 土地を買って家を建てたら、土地と家の価値に応じた税金を納めることになった。

（　　　　　　　　　　）

資料1 主な税金の種類

● 所得税
● 消費税
● 住民税
● 固定資産税
● 法人税

(2) 資料2を見て、次の問いに答えましょう。

① 歳入（収入）のうち、Aの「公債」とは、どのようなお金ですか。

（　　　　　　　　　　）

② 歳出（支出）のうち、Bに含まれるお金の使われ方を選びましょう。

（　　　　　　　　　　）

㋐ 交通を便利にする道路や橋、災害を防ぐ堤防やダムなどを国がつくる。

㋑ 国民の医療費や、正当な理由があって働けない人の生活費の一部を国が負担する。

㋒ 学校の運営や科学的な研究にかかる費用を支援する。

㋓ 歳入（収入）が十分でない都道府県や市町村に資金をあたえる。

資料2 2022年度の国の予算

● 歳入（収入）
総額107.6兆円

税金・印紙 60.6%	A公債 34.3	そのほか 5.1

● 歳出（支出）
総額107.6兆円

B 33.7%	国債 22.6	地方財政 14.6	そのほか 18.5

公共事業 5.6
教育・文化・科学 5.0

（「日本国勢図会」2022/23）

思考力トレーニング 資料をくらべよう

資料は1972年度と2022年度の国の歳入（収入）を比べたものです。どのようなちがいがあるのかを簡単に書きましょう。

（　　　　　　　　　　　　　　　　　　　　）

資料 国の予算

● 1972年度の歳入（収入）
総額12.8兆円

税金・印紙 76.4%	公債 15.2	そのほか 8.4

● 2022年度の歳入（収入）
総額107.6兆円

税金・印紙 60.6%	公債 34.3	そのほか 5.1

（「数字でみる日本の100年」改訂第6版ほか）

6章 経済のしくみ

答え▶21ページ

17 消費と流通

標準 レベル　　トライ しよう

1 消費生活や消費者保護について，調べ学習をしています。あとの資料を見て，◯にあてはまる言葉を書きましょう。

▼消費者と生産者の関係

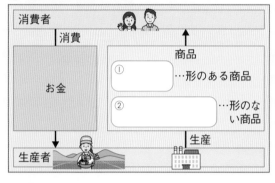

消費者

消費

お金

① …形のある商品

② …形のない商品

商品

生産

生産者

▼家計

収入	仕事などで入ってきたお金
消費支出	生活に使う商品を買ったときに支払ったお金
非消費支出	税金や保険料の支払いのために支払ったお金
③	収入から消費支出と非消費支出を引いた残り

▼消費者保護の歴史

年	1968	1994	2000	2004	2009	2012
できごと	消費者保護基本法が定められる	④ （PL法）が定められる	消費者契約法が定められる	消費者基本法が定められる	⑤ 庁 がつくられる	消費者教育推進法が定められる

資料 ▼財とサービスの例

財　　サービス

わたしは働いて得た収入を使って生活をして，税金や保険料を支払っています。残ったお金は貯蓄しています。

▼主な消費者保護のしくみ

消費者基本法	消費者の権利を明確にし，国などに対して消費者の支援を義務づけた。
製造物責任法（PL法）	1994年に制定。消費者が商品の欠陥による被害を受けたときの，企業の責任を明確にした。
消費者契約法	2000年に制定。契約のトラブルから消費者を保護する。
消費者庁	2009年に設置。政府の消費者政策を担当する庁。
クーリング・オフ	訪問販売や電話勧誘などで買った商品は，8日以内であれば無条件で契約を解除できる制度。

2 流通についてまとめています。あとの資料を見て，まとめを完成させましょう。

〈流通についてのまとめ〉

▽野菜の流通のしくみ

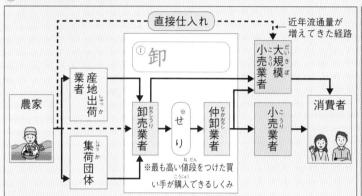

②□□□システムのしくみ

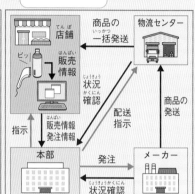

流通に関わる産業▶

運送業	③	保険業	④

資料　▽卸売市場におけるせりの様子

POSシステムは，バーコードを使って販売された商品の情報を集め，効率的な流通に生かしたりするしくみです。また，流通に関わる仕事には，運送業や倉庫業のほかに，事故などに備えた保険をあつかう保険業や，商品の宣伝をする広告業があります。

ノートにまとめる

●消費者は生産者にお金を支払い，商品（財やサービス）を手に入れている。

　▶お金を支払う方法は，現金や電子マネー，クレジットカードなどがある。

　▶消費者が，自分の意思で商品を選んで購入する消費者主権が大切である。

●生産者から消費者に商品が届くまでのしくみを流通という。

　▶流通にかかる費用をおさえるため，小売業者が生産者から商品を直接仕入れをする流通の合理化が増えている。

17 消費と流通

答え▶21ページ

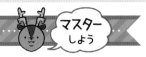

ハイレベル　マスターしよう

1 右の図を見て，次の問いに答えましょう。

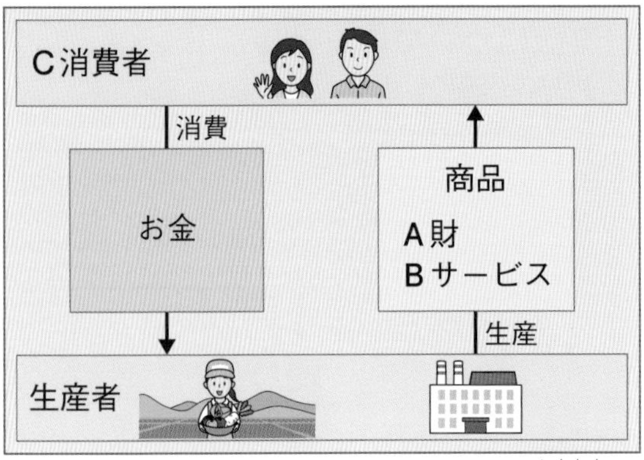
C消費者
消費
お金
商品
A財
Bサービス
生産
生産者

(1) 図中のA，Bについて，次の問いに答えましょう。

① 次の㋐～㋓の商品を，A，Bそれぞれに分けましょう。

A（　　　　　　　）
B（　　　　　　　）

㋐ 食料品　　㋑ 映画を観る
㋒ 電車に乗る　　㋓ 電化製品

② 商品はどのようにしてA，Bに分けられますか。①の答えをふまえて簡単に書きましょう。

（　　　　　　　　　　　　　　　　　　　　）

(2) 図中のCについて，次の問いに答えましょう。

① 消費生活をする家庭や個人の単位を家計といいます。家計のうち，税金や保険料の支払いに使ったお金のことを何といいますか。

（　　　　　　）

② 消費者が自分の意思で商品を選んで購入することを何といいますか。

（　　　　　　）

③ 消費者の保護について，次のa～cのようなときに活用される法律やしくみを，あとの㋐～㋓からそれぞれ選びましょう。

a（　　　）　b（　　　）　c（　　　）

a　わたしは，2日前に訪問販売で商品を買いましたが，事情が変わったので，契約を解除したいと考えています。

b　わたしは，日当たりのよい土地を買うとき，近くに高いビルが建つ予定があることを知らされませんでした。

c　お店で買ったドライヤーが欠陥で発火しました。わたしは，手にやけどをおい，病院で手当てを受けました。

㋐ 製造物責任法（PL法）　　㋑ 消費者契約法
㋒ クーリング・オフ制度　　㋓ 消費者教育推進法

(3) 2009年に設置された，政府の消費者行政をまとめて担当する省庁を何といいますか。

（　　　　　　）

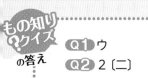

もの知り？クイズ の答え

Q1 ウ
Q2 2〔二〕

Q1 ケネディ大統領は1962年に「安全を求める権利」「知らされる権利」「選択する権利」「意見を反映させる権利」の4つの権利を提唱したよ。

Q2 2次元コードによって商品の決済やウェブページの表示ができるよ。

❷ 次の問いに答えましょう。

(1) 野菜や魚の卸売市場で行われる，買い手がそれぞれ商品に値段をつけて，高い値段をつけた人が買うことができる売り方を何といいますか。

（　　　　　　　　）

(2) 流通に関わる仕事のうち，商品を運ぶ仕事を次から選びましょう。（　　　）

　㋐　広告業　　㋑　保険業　　㋒　運送業　　㋓　倉庫業

(3) 資料1について，次の問いに答えましょう。

① 資料1中のA〜Cにあてはまる言葉の組み合わせを，次から選びましょう。（　　　）

　㋐　A－メーカー　　B－本部　　　C－店舗
　㋑　A－本部　　　　B－メーカー　C－店舗
　㋒　A－店舗　　　　B－メーカー　C－本部
　㋓　A－店舗　　　　B－本部　　　C－メーカー

② POSシステムにおいて，商品の情報を読み取るために利用されるものは何ですか。

（　　　　　　　　）

資料1　POSシステムのしくみ

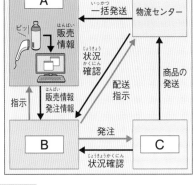

(4) 資料2について，一般的な流通にくらべて，直接仕入れをする流通にはどのような効果がみこまれますか。簡単に書きましょう。

（　　　　　　　　　　　　　　　）

資料2　流通の合理化

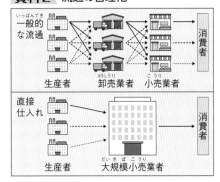

💡思考力トレーニング　問題を考えよう

家計についての右の資料を使って，あとの答えになる問題文を考えましょう。

（　　　　　　　　　　　　　　　）

答え　7万円

資料　Aさんの家計

わたしは，会社で働いて得る毎月27万円の収入のうち，消費支出に15万円を使い，5万円を貯蓄にしています。

81

18 お金の働きとものの価格

標準 レベル　トライしよう

1 お金の働きについて，調べ学習をしています。あとの資料を見て，□□にあてはまる言葉を書きましょう。

▼現在，一般に使われているお金

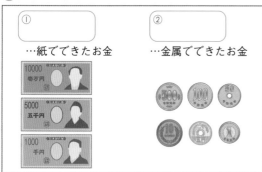

① …紙でできたお金　② …金属でできたお金

▼お金の役割

③	使わないときには，ためておくことができる。
④	お金を支払えば商品を手に入れることができる。
尺度	ものの価値を金額で表すことができる。

▼世界の主なお金（通貨）　（2023年1月現在）

通貨の単位	使用している国
円	日本
ドル（アメリカドル）	アメリカ合衆国など
⑤	フランスなどヨーロッパの国
元	中国

▼為替相場の変化

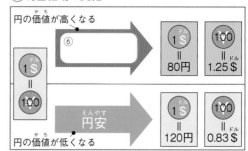

円の価値が高くなる

⑥

1$=80円　100$=1.25$

円安

円の価値が低くなる

1$=120円　100$=0.83$

資料　▼お金の種類

現金通貨	紙幣	紙でできたお金。金額が大きいものが多い。
	硬貨	金属でできたお金。金額が小さく，円形のものが多い。
預金通貨		銀行が預かるお金。日本に流通するお金の約9割を占める。

▼主なお金（通貨）が使われている国

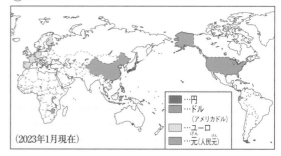

（2023年1月現在）

…円
…ドル（アメリカドル）
…ユーロ
…元（人民元）

お金には，ものの価値を表す「尺度」，お金と商品を引き換えることができる「交換」，使わないお金を将来に備えてためておく「保存」の役割があります。

お金とお金を交換する比率を為替相場といい，日々変化しています。外国のお金に対して円の価値が高くなると円高，低くなると円安といいます。

もの知り
クイズ

Q1 2024年から発行の一万円札に使用される渋沢栄一は何をした人？
ア 新しい薬の開発　イ 日本初の銀行を設立　ウ 日本国憲法の原案を作成
Q2 電子データとして，主にインターネット上での取引に使用されるお金（通貨）を何という？

2 価格についてまとめています。あとの資料を見て，まとめを完成させましょう。

〈価格についてのまとめ〉

▼トマトの入荷量と価格

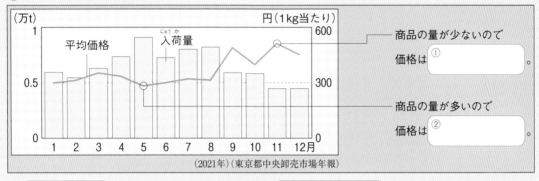

商品の量が少ないので
価格は①〔　　　〕。

商品の量が多いので
価格は②〔　　　〕。

(2021年)(東京都中央卸売市場年報)

▼③〔　　　〕の例

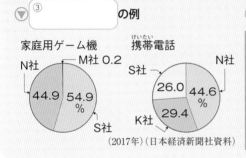

家庭用ゲーム機
N社　M社 0.2
44.9　54.9%
S社

携帯電話
S社　N社
26.0　44.6%
29.4
K社

(2017年)(日本経済新聞社資料)

▼主な④〔　料金　〕

国が決める	社会保険診療報酬 など
企業が示した案を国が許可する	電気料金，都市ガス料金，鉄道運賃 など
国に届け出が必要	固定電話の通話料金 など
地方が決める	水道料金 など

資料 ▼価格の変化のまとめ

商品の量が少なく，買いたいと考えている人の数が多い。	価格は上がる
商品の量が多く，買いたいと考えている人の数が少ない。	価格は下がる

市場で商品を売るのが1社だけの「独占」や数社しかいない「寡占」では，売り手が生産量や価格を決められることが問題になります。一方，水道など国民の生活に深く関わるものは価格を安定させるため，国や地方が決定や許可をする「公共料金」になっています。

ノートにまとめる

🌐 市場では，お金（紙幣や硬貨）を使って商品の売買が行われる。
　▶ 異なるお金は，為替相場に従って交換できる。外国のお金に対して円の価値が高まることを円高，円の価値が下がることを円安という。
🌐 価格は，商品の量と買いたいと考えている人の数などで変化する。
🌐 独占や寡占に対し，国は独占禁止法を制定し，公正取引委員会が監視している。
🌐 国民の生活に大きな影響をあたえる水道やガスなどの価格は公共料金である。

18 お金の働きとものの価格

答え▶22ページ

ハイレベル　マスターしよう

1 次の問いに答えましょう。

(1) 現在，日本で使われているお金は，紙幣(しへい)ともう1つは何ですか。 (　　　)

(2) 紙幣(しへい)や(1)のような日常的な売買で使用されるお金をまとめて何といいますか。 (　　　)

(3) 銀行が預(あず)かるお金で，現在日本に流通する約9割(わり)を占(し)めるお金を何といいますか。 (　　　)

(4) 次の説明にあてはまるお金の役割(やくわり)を，あとからそれぞれ選びましょう。

① お金を支払(しはら)えば，商品と引き換(か)えることができる。 (　　　)

② 商品の価値(かち)を金額で表すことができる。 (　　　)

③ 使わないときは，ためておくことができる。 (　　　)

㋐ 尺度(しゃくど)　㋑ 保存(ほぞん)　㋒ 交換(こうかん)

(5) 資料1中のA～Cにあてはまる組み合わせを次から選びましょう。 (　　　)

㋐ A－元(げん)　B－ユーロ　C－ドル

㋑ A－ユーロ　B－ドル　C－元(げん)

㋒ A－ドル　B－ユーロ　C－元(げん)

㋓ A－元(げん)　B－ドル　C－ユーロ

資料1 主なお金（通貨）が使われている国

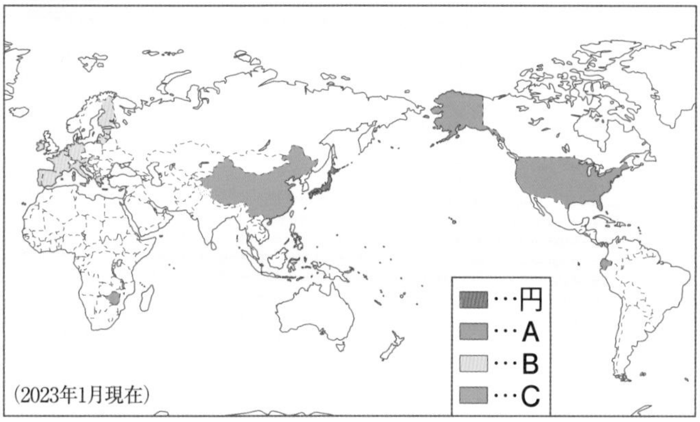
…円
…A
…B
…C
(2023年1月現在)

(6) 資料2について，次の問いに答えましょう。

① 資料2中のaにあてはまる言葉を書きましょう。 (　　　)

② 資料2中のbにあてはまる説明を「価値(かち)」の言葉を使って簡単(かんたん)に書きましょう。

(　　　)

資料2 為替相場(かわせそうば)の変化

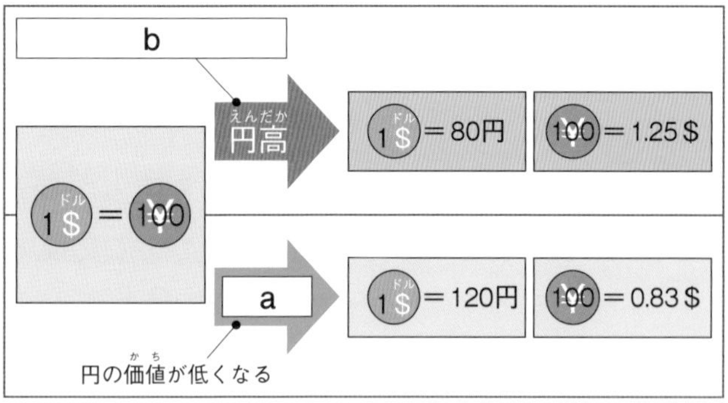
b
円高(えんだか)
1ドル＄＝80円
100＝1.25＄
1＄＝100
a
1ドル＄＝120円
100＝0.83＄
円の価値(かち)が低くなる

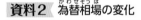

もの知り
クイズ
の答え

Q1 イ
Q2 暗号資産
（仮想通貨）

Q1 渋沢栄一は、明治から昭和にかけて活やくした実業家で、「近代日本資本主義の父」と呼ばれることもあるよ。　Q2 暗号資産は、円やドルなど、国が発行する通貨と交換することができるよ。

❷ 次の問いに答えましょう。

(1) 資料1からわかることを、次から選びましょう。　（　　　）

　㋐　Aの時期は、商品の量が少ないので、価格が上がっている。

　㋑　Bの時期は、商品の量が少ないので、価格が下がっている。

　㋒　Bの時期は、商品の量が少ないので、価格が上がっている。

　㋓　Aの時期は、商品の量が多いので、価格が上がっている。

資料1 トマトの入荷量と価格

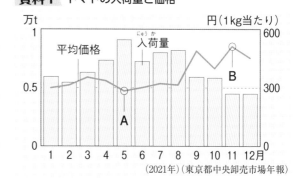

(2021年)(東京都中央卸売市場年報)

(2) 資料2について、次の問いに答えましょう。

　① 寡占とはどのような状態ですか。次の文に続くように簡単に書きましょう。

　●商品を売る企業が、（　　　　　　　）。

　② 独占禁止法にもとづいて寡占や独占を監視する組織を何といいますか。

　（　　　　　　　　　　）

資料2 寡占の例

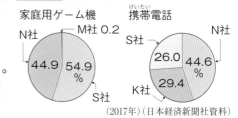

(2017年)(日本経済新聞社資料)

(3) 次のうち、公共料金にあてはまるものを選びましょう。　（　　　）

　㋐　塾の授業料　　　㋑　米の価格

　㋒　ホテルの宿泊料　㋓　水道の使用料

🔦思考力トレーニング　ふさわしい資料を考えよう

　寡占の状態を説明するためにふさわしい資料を、次から選びましょう。

▼各業界の売り上げにおける企業の割合

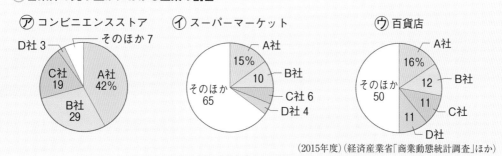

(2015年度)(経済産業省「商業動態統計調査」ほか)

特集　めざせ！歴史博士❶

世界の史跡をめぐる旅に出よう！

🔍 日本が縄文〜弥生時代だったころ，世界各地では文明がおこり，大きな発展をしていました。今回は，その中の3つの地域について調べてみましょう。

西暦1年より前の時代を紀元前というよ。年を表す数が大きいほど昔になるんだ。

1 エジプト　　縄文時代のころ

　エジプトでは，ナイル川の周りで農耕が発達して，紀元前3000年ごろに王国ができました。王は大きな権力を持ち，巨大な神殿やピラミッドが数多くつくられました。

ギザの三大ピラミッド　紀元前2500年ごろ

　ナイル川下流の^Aギザという都市にある3つのピラミッドで，3人の王のものとされています。最大のものは高さが約140mあり，巨大なスフィンクス像がピラミッドのそばにあります。

　つくられた目的や建築方法など，今なお多くの謎がある建物です。

アブシンベル神殿　紀元前1300年ごろ

　エジプト南部の^Bヌビアにある遺跡。大小2つの遺跡からなり，神殿の入口には遺跡を建てたラムセス2世の巨像が4体並べられています。ラムセス2世は古代エジプト王朝で2番目に長い約65年間にわたり国を治めた王でしたが，戦争と巨大な建造物の建設に明けくれていたといわれています。

2 ギリシャ・ローマ 縄文〜弥生時代のころ

　紀元前8世紀ごろからギリシャ人は各地にアテネやスパルタなどの小さな国を築きました。イタリア半島の小さな国だったローマは，のちに広い地域を支配する帝国になりました。

パルテノン神殿　紀元前438年

　オリンピック発祥の地である^Cアテネに建てられた神殿で，ギリシャ神話の女神アテナがまつられています。長い歴史の中で，キリスト教の教会やイスラム教のモスクとして利用されていた時期もありました。柱の真ん中が太くなっている形は，日本の法隆寺の柱の一部にも似た形が見られます。

ポン・デュ・ガール　1世紀　　＊現在のフランス南部にある

　^Dローマを中心に栄えた帝国によって，水不足だった都市に水を運ぶためにつくられた水道橋＊です。全長が275m，高さが49mあり，水源から1日に約2万㎡の水が運ばれました。都市では噴水やお風呂などに水が使われました。

3 中国 縄文〜弥生時代のころ

　中国では，約1万年前に黄河や長江などの川の周りで農耕が発達しました。その後，多くの国々が争う時代などを経て，紀元前3世紀に秦という国が中国を統一しました。しかし，そのわずか15年後に秦はほろび，代わって漢が帝国となりました。

万里の長城　紀元前3世紀＊　　＊秦時代の長城

　北方の異民族の侵入を防ぐために築かれたとされる城壁で，秦の始皇帝の命令によって修復されて，現在に近い形ができました。当時の全長は約6000kmで，これは北海道から沖縄までの日本列島を往復した長さになります。

兵馬俑坑　紀元前3世紀

　紀元前210年に亡くなった秦の始皇帝は，現在の^E西安市郊外につくられた墓にほうむられました。兵士や馬の姿をした像を兵馬俑といい，秦の始皇帝の墓を守る形で周りに置かれました。その数は約8000体にもおよび，それぞれ顔の形などが異なります。

特集 めざせ！歴史博士②

戦国武将と城を調べよう！

室町〜安土桃山時代，戦国武将は住む場所や合戦の拠点として，各地に城を築いていました。当時はどのような城があったのでしょうか？

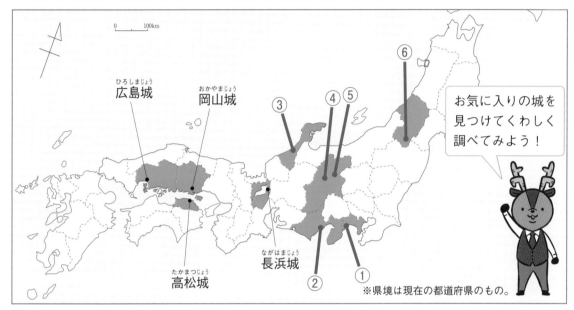

お気に入りの城を見つけてくわしく調べてみよう！

0　100km

広島城
岡山城
③
④⑤
⑥
高松城
長浜城
①
②

※県境は現在の都道府県のもの。

① 小田原城（神奈川県）
北条氏の本拠地。数々の戦いにたえたことから「難攻不落の城」と呼ばれたが，豊臣秀吉によってせめ落とされた。

② 駿府城（静岡県）
元々は「今川館」という今川氏の拠点だったが，のちに徳川家康が城として建て直し，移り住んだ。

③ 金沢城（石川県）
1583年に入城した前田利家によって今の姿に整えられた。その後，約300年にわたり前田氏が城を治めた。

④ 松本城（長野県）
日本最古の五重天守で，国宝に指定されている。一時，武田信玄が戦いの拠点としたこともあったとされている。

⑤ 上田城（長野県）
真田氏の本拠地。徳川軍の攻撃を2回防いだことで有名。のちに，仙石氏，松平氏が城主となった。

⑥ 米沢城（山形県）※写真は城跡。
戦国時代には伊達氏が城主となり，のちに上杉氏の拠点となった。伊達政宗が生まれた場所としても知られている。

戦国の世では，有力な武将たちが天下統一をめざして争いを行っていました。
当時活やくした代表的な武将を見てみましょう。

伊達 政宗　1567〜1636 出羽（山形県・秋田県）

出羽（山形県・秋田県）と陸奥（青森県・宮城県・福島県など）の大名。幼少期に病気で右目を失明したものの，18才で伊達家の当主となった。関ヶ原の戦いのあとは，初代藩主となった仙台藩（宮城県）の発展に努めた。

武田 信玄　1521〜1573 甲斐（山梨県）

甲斐（山梨県）や信濃（長野県）など複数の国を支配した大名。「風林火山」という旗をかかげて戦う武田軍は，当時最強とおそれられていた。越後（新潟県）などの領主・上杉謙信と交戦した川中島の戦いが有名。

真田 信繁　1567？〜1615 信濃（長野県）

真田幸村の名前で知られ，豊臣家に仕えた。1614〜1615年，豊臣氏と徳川氏の争いである「大阪の陣」に参加。大阪城の南に真田丸と呼ばれるとりでをつくり，徳川家康をあと一歩まで追いつめる活やくをした。

前田 利家　1538〜1599 尾張（愛知県）

織田信長の家臣として仕えたあと，豊臣政権では五大老の1人となり，加賀（石川県）などの北陸を治めた。江戸時代の加賀藩の米の生産量は100万石以上あったことから，「加賀百万石の祖」と呼ばれている。

今川 義元　1519〜1560 駿河（静岡県）

駿河・遠江（静岡県）を支配した大名。武田氏・北条氏と三国同盟を結ぶなど，ほかの大名との交渉で活やくした。桶狭間の戦いで織田信長に敗れたが，「海道一の弓取り」と呼ばれ，武芸の才能もおそれられた。

毛利 元就　1497〜1571 安芸（広島県）

中国地方を代表する大名。三兄弟の子どもに対して結束することの大切さを伝えた手紙は，「一本の矢はすぐに折れるが，三本束ねれば折れにくい」という「三本の矢」の話のもとになった。

※（　）内は現在あてはまるおおよその県を示している。

答え▶25ページ

自分の会社をつくろう！

🔍 様々な会社

身の周りにはどんな会社がありますか？　知っている会社の名前を書きましょう。

会社には次のような役割があるよ。
・様々な商品（財・サービス）を生産
・働く場の提供
・芸術や文化の支援活動，ボランティア活動　など

🔍 生産のしくみ

▼ パンをつくる会社の例

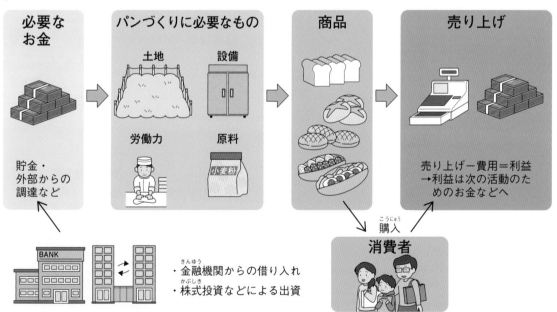

必要なお金	パンづくりに必要なもの	商品	売り上げ
貯金・外部からの調達など	土地　設備　労働力　原料（小麦粉）		売り上げ－費用＝利益→利益は次の活動のためのお金などへ

購入

消費者

・金融機関からの借り入れ
・株式投資などによる出資

　会社は準備したお金で，商品の生産に必要な土地や原料などを購入します。商品を生産し，消費者に購入してもらうことで利益を得ることができます。

🔍 お弁当屋さんの会社をつくろう！

あなたはお弁当を売る会社をつくることになりました。会社を経営するために，次の①～④について，自分の考えに近いものをA～Cからそれぞれ選んでみましょう。

① 活動するためのお金は？⇒（　　　　）

A 自分が貯金してきたお金のみを資金にあてる。

B 貯金を使うが，足りない分は知り合いから借りる。

C 金融機関（きんゆう）から借りたお金を中心に使う。

② どんなお弁当をメインにしよう？⇒（　　　　）

A 原料費などを低くおさえた400円の格安弁当。

B 有機野菜を使った1000円のオーガニック弁当。

C こだわりの和牛を使った1800円の高級弁当。

③ お店の場所と形式は？⇒（　　　　）

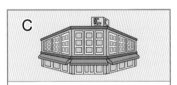

A デリバリー専門（せんもん）のお店にして，住宅（じゅうたく）の一室を使う。

B キッチンカーを使った移動式のお店にする。

C 駅前のデパートのフロアに出店する。

④ 商品の宣伝方法は？（せんでん）⇒（　　　　）

A 自分でチラシをつくって，町の住民に配る。

B SNS（エスエヌエス）や新聞などに広告をのせてもらう。

C YouTuber（ユーチューバー）にお金を支払（しはら）って，動画で宣伝（せんでん）してもらう。

①～④で選んだ記号から合計点を計算しよう！　A…1点，B…3点，C…5点

16～20点 ドリーム型経営	10～15点 柔軟型経営（じゅうなん）	4～9点 安定型経営

お金をおしまずに使うタイプ。リスクがある分，チャンスをつかむ可能性も高いよ！	その場に応じて上手（うま）く方向性を変える力があるね。バランスのよい経営ができそう！	しんちょうな経営者の君。とにかく失敗の確率を下げる考え方も大切だね！

思考力育成問題

答え▶26ページ

1 **歴史上の人物について，調べ学習を行っています。次の会話文を読んで，あとの問いに答えましょう。**

あや　：好きな歴史上の人物についてまとめようと思っているよ。
おさむ：ぼくはこの前，聖徳太子(しょうとくたいし)に興味を持って，右のようにカードにまとめてみたよ。
あや　：わかりやすいね。わたしは，a有名な絵をえがいた人物を調べて，その人物が活やくした時代の文化もいっしょに紹介(しょうかい)しようかな。
おさむ：いいね！　ぼくもbほかの歴史上の人物をもっと調べてみよう。時代を古い順に整理して今度の授業で発表しようよ。

名前	聖徳太子(しょうとくたいし)	
説明	隋(ずい)（中国(ちゅうごく)）に使いを送った。	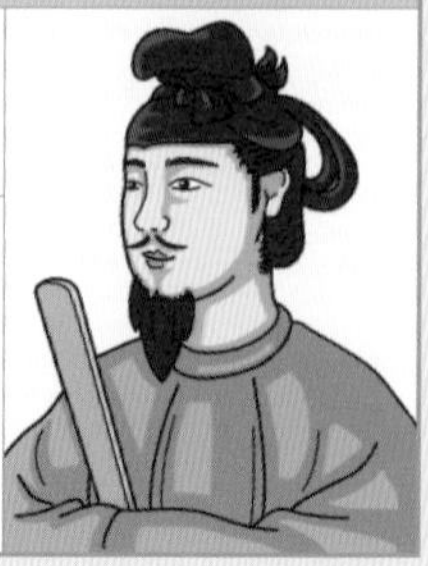
	（　A　）で役人の心得を示した。 （　B　）で役人を取り立てた。	

(1)　カード中の聖徳太子(しょうとくたいし)について，次の問いに答えましょう。

①　カード中のA・Bにあてはまる言葉をそれぞれ書きましょう。

A（　　　　　　　　）　B（　　　　　　　　）

②　聖徳太子(しょうとくたいし)が，隋(ずい)（中国(ちゅうごく)）に使いを送った理由を簡単(かんたん)に書きましょう。

（　　　　　　　　　　　　　　　　　　　　　　　　）

(2)　下線部aについて，あやさんが正しく作成したカードを次から選びましょう。

（　　）

[ア]

名前	清少納言(せいしょうなごん)	
説明	「枕草子(まくらのそうし)」が代表作	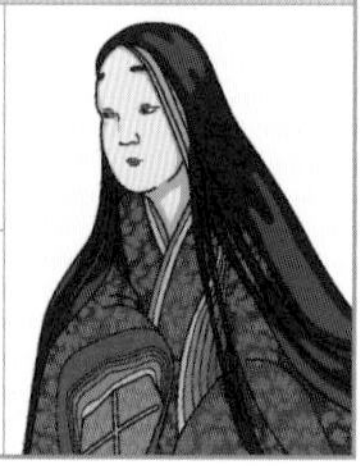
文化	日本風の文化が発展(はってん)	

[イ]

名前	雪舟(せっしゅう)	
説明	「秋冬山水図(しゅうとうさんすいず)」が代表作	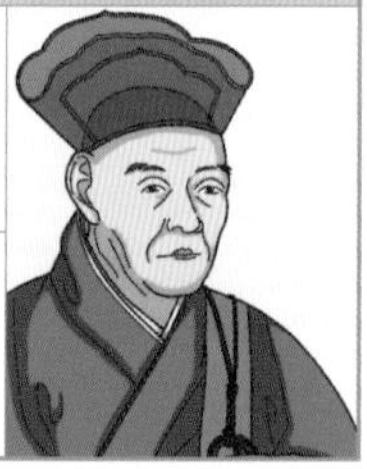
文化	国際色豊かな仏教文化が発展(はってん)	

[ウ]

名前	歌川広重(うたがわひろしげ)	
説明	「東海道五十三次(とうかいどうごじゅうさんつぎ)」が代表作	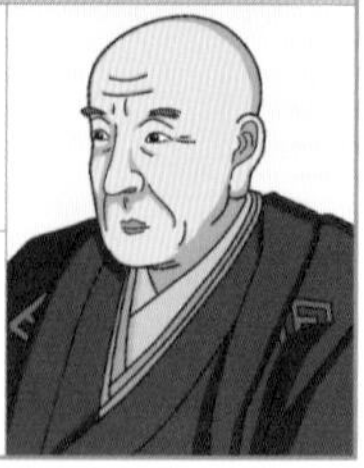
文化	上方(かみがた)や江戸(えど)で町人中心の文化が発展(はってん)	

[エ]

名前	樋口一葉(ひぐちいちよう)	
説明	「たけくらべ」が代表作	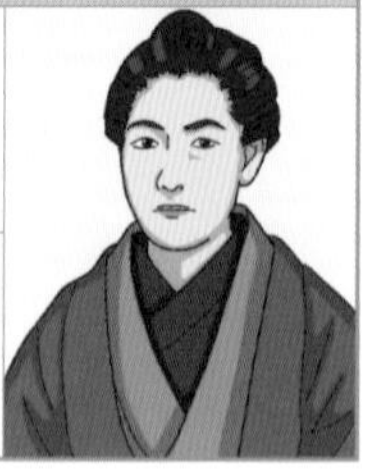
文化	文明開化(ぶんめいかいか)の風潮(ふうちょう)が高まった	

(3) 下線部 b について，資料１から人物を選んで，次のカードを完成させましょう。「説明」１・２は，資料２のキーワードを１つずつ使って１文で書きましょう。「関係する資料」には，資料３の①〜⑥からあてはまるものを選びましょう。

名前			関係する資料
説明	1		
	2		

資料１　調べる人物

| 平清盛
たいらのきよもり | 足利義満
あしかがよしみつ | 豊臣秀吉
とよとみひでよし | 聖武天皇
しょうむてんのう | 北条時宗
ほうじょうときむね | 徳川家光
とくがわいえみつ |

資料２　キーワード

唐（とう）　元（げん）　明（みん）　宋（そう）　３代　太政大臣（だいじょうだいじん）
執権（しっけん）　鎖国（さこく）　仏教　参勤交代（さんきんこうたい）　天下統一（てんかとういつ）

資料３　関係する資料

⑤
武家諸法度（ぶけしょはっと）
大名（だいみょう）は，自分の領地と江戸（えど）に交代で住むようにすること。
（一部要約）

（想像図）

(4) (3)の資料１の人物を，時代順に並べましょう。

(　　　→　　　　→　　　　→
　　　→　　　　→)

2 冬のある日，農産物をテーマに，学習したことをふり返りながら話し合っています。次の会話文を読んで，あとの問いに答えましょう。

くみこ：ⓐみかんの季節になったね。冬になると，安くておいしいみかんが店にたくさん並ぶよ。

えいた：冬はみかんの「旬」だね。あるⓑ農産物や水産物が1年の中で最も多くとれ，最もおいしくなるとも言われる時期を「旬」というよ。

くみこ：ⓒものの値段は，出回る量が多くなると安くなることが多いよね。だから，「旬」のものは安く買えることが多いんだね。ところで，「最もおいしくなるとも言われる時期」ということは，「旬」は，人々が買いたいと思う量も1年で最も多くなるのではないかな。

えいた：ⓓ出回る量だけでなく，人々が買いたいと思う量も変化するということだね。例えば，「旬」の時期が来て，出回る量が増えても，人々が買いたいと思う量がいつも以上に増えたら，売る数に余ゆうがなくなって，出回る量が少ないときと似た状態になってしまうね。

(1)　下線部ⓐについて，みかんの産地として有名な和歌山県には，1574年に現在の熊本県からみかんの苗が持ち込まれたことがみかん栽培の始まりであるとの言い伝えがあります。そのころのできごとをまとめた右の年表のA～Cにあてはまるものを，次からそれぞれ選びましょう。

年	できごと
1543	鉄砲が伝わる
1549	（　A　）
1573	室町幕府がほろびる
1579	（　B　）
1582	（　C　）
1603	江戸幕府が開かれる

㋐　安土城ができる　　㋑　参勤交代の制度が定められる

㋒　全国で検地が始まる　　㋓　キリスト教が伝わる

A（　　　）　B（　　　）　C（　　　）

(2)　下線部ⓑを生産する農林水産業に関する次の文章の下線部ⓔの内容にあてはまる矢印を，右の図から選びましょう。（　　　）

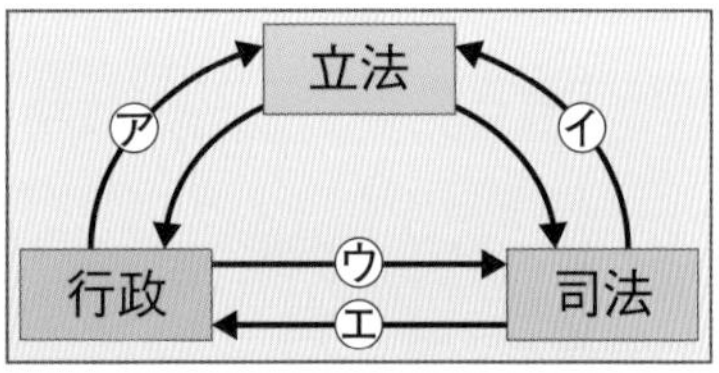

農林水産省は，国として農林水産業を守り，発展させることを目的とした仕事を，法律にもとづいて行います。その目的のために必要で，法律が定める条件にあてはまる場合は，国民に命令することもできます。

しかし，法律の条件にあてはまらないのに命令した場合や，法のもとの平等に反するなど憲法上許されない判断理由で命令した場合は，ⓔ憲法や法律に反しているという判決によって，命令を無効とされることがあります。

(3) 下線部ⓒ, ⓓについて, えいたさんは次のように考えました。文を読んで, あとの問いに答えましょう。

商品が出回る量が多くなると値段が下がります。しかし, 値段が下がりすぎると, たくさん売れても, 売り上げが増えません。そのため, 売り手の気持ちとしては, 値段が下がったら売りたい量がへると思います。一方, 買い手の気持ちとしては, 値段が下がったら（　　　　　）と思います。

このような, 売り手の気持ちと買い手の気持ちを図にすると, 図1のようになります。

そのうえで, ある農産物について, 次のⓐ・ⓘのようなことが起きると,「売りたい量」または「買いたい量」が変わるので, 図1の2本の線のどちらかが, 上下左右のいずれかに動くと考えられます。

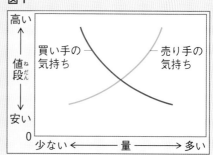

図1

ⓐその農産物を使った料理が大ブームになった。
ⓘ品種改良によって, 栽培の手間がかからないうえ大量に収穫できる品種が広まった。

① 上の（　　　　　）に入る文を簡単に書きましょう。
（　　　　　　　　　　　　　　　　　　　　　　　　　　　　　　　　　　　）

② えいたさんが考えたⓐのときには, その農産物を「高くても買いたい」と思う人が増えます。そのため, 図1のうち「買い手の気持ち」の線が, 値段が高い方へ動き, 図2のようになります。(「たくさん買いたい」と思う人が増えるため,「買い手の気持ち」の線が, 量が多い方へ動くという考え方もできます。)
それでは, ⓘのときは,「売り手の気持ち」の線はどのように変化しますか。図3の矢印A・Bから選びましょう。
（　　　　　）

図2

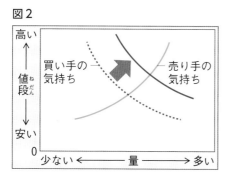

図3

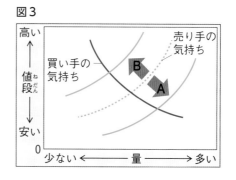

(4) えいたさんは図1を見ながら，くみこさんと話しました。これを読んで，あとの問いに答えましょう。

えいた：社会では，⑥図1で「売り手の気持ち」と「買い手の気持ち」が交わるところの量と値段で売り買いがされていることが多くなるよ。

くみこ：ところで，売り手は商品の値段を考えるときに⑧税金のことも考えないといけないね。

① 下線部⑥の理由の説明として正しいものを選びましょう。　　（　　　）

㋐ 売り手は，買い手に要求されると必ず値段を下げないといけないから。

㋑ 商品の値段は買い手の気持ちに影響しないから。

㋒ 売り手と買い手の気持ちが一致すると売り買いは成立しやすいから。

㋓ 市場の商品の多くの値段は，公共料金として一定に保たれているから。

② 下線部⑧について，客が店の商品を買ったときに値段に応じて負担する税金を何といいますか。　　（　　　　　　　）

③ 下線部⑧について，えいたさんは，人々が国に納めた税金がどのように使われているか，また，今の日本がかかえている問題とどのように関係しているかを考えました。日本の国の歳出（支出）を示した図4について，あとの資料の問題点のどれかを解決するために，図4の㋐〜㋓のうち1つの金額を増やせるとしたら，どれを増やしますか。また，そのことによって改善されることを簡単に書きましょう。

図4

計107.6兆円（2022年度）

㋐ 社会保障 33.7%　㋑ 国債 22.6　地方財政 14.6　そのほか 18.5

㋒ 公共事業 5.6

㋓ 教育・文化・科学 5.0

（「日本国勢図会」2022/23）

資料　現在の日本がかかえている問題点の例

●全国で，古くなった道路，橋，水道などが次々と傷んできている。

●高齢者の割合が増え続けているため，1人あたりの年金（高齢者などに給付するお金）の金額をあまり増やせない。

●研究者を支援する予算が少なく，日本の科学研究が外国から引き離され始めている。

●国の歳入（収入）が足りず，国の借金が増え続けている。

増やす支出　（　　　　　）

改善されること

（　　　　　　　　　　　　　　　　）

※答えは、解答用紙の解答欄に書き入れましょう。

1 次の文を読んで、あとの問いに答えなさい。

Ⓐ （　）に住んで、狩りや採集で食料を集め、a土器や土偶をつくるくらしが日本で始まった。

Ⓑ 大陸や朝鮮半島から米づくりが日本に伝わると、（　）にたくわえられるようになった。やがて、たくわえられた食料などをめぐってb争いが起こるようになった。

Ⓒ 3世紀になると、各地で力を持った王や豪族の墓として大きな（　）がつくられるようになった。4世紀ごろには、現在のc奈良県の北部に強大な王を中心とした勢力が現れた。

(1) Ⓐ～Ⓒの時代をそれぞれ何といいますか。

(2) 次のⓐ～ⓒの写真はⒶ～Ⓒの（　）にあてはまるいずれかの建物や遺跡です。Ⓐ～Ⓒにあう写真をそれぞれ選びましょう。

 ⓐ

 ⓑ

 ⓒ

2 右の年表を見て、次の問いに答えなさい。

年	できごと	
593	聖徳太子が政治を行う	…Ⓐ
		あ
645	蘇我氏がほろぼされる	…Ⓑ
		い
710	奈良に都が移る	…Ⓒ
		う
1016	藤原道長が摂政になる	…Ⓓ
		え
1167	が太政大臣になる	…Ⓔ
		お
1221	承久の乱が起こる	…Ⓕ
		か
1274	元寇が起こる	…Ⓖ

(1) Ⓐの聖徳太子が関わっていないものを次から選びましょう。
　ア 十七条の憲法
　イ 冠位十二階
　ウ 公地・公民
　エ 遣隋使

(2) Ⓑをきっかけに始まった政治の改革を何といいますか。

(3) Ⓒの都を何といいますか。

(4) Ⓓのころの社会の様子を、次から選びましょう。
　ア 貴族が都ではなやかな生活を送った。
　イ 渡来人が進んだ技術や文化を伝えた。
　ウ 人々は国から土地をあたえられ、租や調を納めた。
　エ 将軍からご恩と奉公の関係で結ばれた。

③ 次のテーマ1〜5を見て、あとの問いに答えなさい。

テーマ1	テーマ2	テーマ3	テーマ4	テーマ5
建武の新政	室町幕府の政治	室町文化の特ちょう	応仁の乱	織田信長と豊臣秀吉

(1) テーマ1について、次の問いに答えましょう。

① 建武の新政について、正しい文を次から選びましょう。

ア 武士のための法を制定した。

イ 後醍醐天皇によって政治が行われた。

ウ 御家人の借金を帳消しにした。

エ 九州に新たに大宰府を設けた。

② 建武の新政に反発した足利尊氏が新たに立てた朝廷を、漢字2字で書きましょう。

(2) テーマ2について、室町幕府の3代将軍になり、日明貿易（勘合貿易）を進めた人物はだれですか。

(3) テーマ3について、室町時代に始まった、能の合間に演じられた劇を何といいますか。

(4) テーマ4について、次の文は、応仁の乱のあと、加賀国で起きたできごとを、宗教の名前を使って簡単に書きましょう。まる内容を、宗教の名前を使って簡単に書きましょう。

　加賀国を [　　　　　　] にあては

④ 右の地図を見て、次の問いに答えなさい。

(1) 地図中の江戸に幕府を開いた徳川家康が、次から行ったことを選びましょう。

ア スペイン船の来航を禁止した。

イ 参勤交代の制度を定めた。

ウ 豊臣氏をほろぼした。

エ 長崎に出島をつくった。

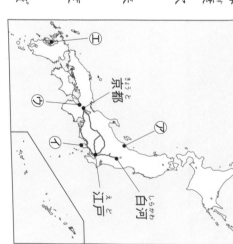

(2) 地図中の──は、江戸時代に整備された主要な道路です。これらの道路を合わせて何といいますか。

(3) 右の資料は、地図中の白河にある白河藩を治めていた松平定信が老中だったころの政治を評価した歌です。次の問いに答えましょう。

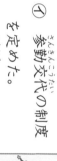

白河の清きに魚のすみかねて　もとのにごりの田沼こひしき

① 老中として松平定信が行った改革を何といいますか。

② □ には松平定信の前に老中だった人物の名字があ

支配していた守護大名をたおして自治を行った。

(5) テーマ5について，織田信長が鉄砲を活用して武田勝頼を破った戦いを何といいますか。

(6) 次の内容は，どのテーマにふくまれますか。テーマ1～5からそれぞれ選びましょう。

① 雪舟は中国ですみ絵（水墨画）を学んだ。

② 刀狩と検地によって武士と農民の身分がはっきりと区別されるようになった。

てはまります。漢字2字で書きましょう。

(4) 次の説明にあてはまる場所を，地図中の㋐～㋓からそれぞれ選びましょう。

① 島原・天草一揆が起きた。

② 大塩平八郎が幕府に対して反乱を起こした。

③ 日米和親条約で開港した。

(5) 地図中の京都で1866年に坂本龍馬が行ったことを，「薩摩藩」「長州藩」の言葉を使って，簡単に書きましょう。

メキメキ ひらめきトピックス

歴史人物ワードパズル

右のマス目には，縦，横，斜めに，人名がかくれています。①～⑨の答えとなる人物でマス目にいないのはだれですか。

①「日がのぼる国の天子…」と書かれた手紙を持参した遣隋使。
②大化の改新を始めた。のちの天智天皇。
③大化の改新を始めた。藤原氏の祖先。
④聖武天皇の大仏づくりに協力した僧。
⑤武士で初めて太政大臣になった。
⑥承久の乱で御家人に団結をうったえた。
⑦江戸幕府の老中。わいろの横行を批判された。
⑧杉田玄白らとともに「解体新書」を出版した。
⑨国学を大成した江戸時代の学者。

な	か	の	お	お	え	の	お	う	じ	だ
か	か	と	の	ぞ	く	く	た	ろ	ん	つ
と	し	の	の	な	ん	む	か	ん	の	う
み	と	な	い	た	ぬ	ま	お	き	つ	ぐ
の	た	つ	も	と	お	り	の	り	な	が
か	つ	め	こ	し	こ	や	ぎ	わ	ま	は
ま	え	の	り	よ	う	た	く	よ	へ	せ
た	い	ら	の	と	き	み	つ	い	う	あ
り	ほ	う	じ	よ	う	ま	さ	こ	ゆ	き

次の文は、Fの□にあてはまる人物について調べたものです。あとの問いに答えましょう。

> 平治の乱で、源氏を破り、自分の娘を天皇のきさきにして力を持つようになった。また、現在の兵庫県に港を整備し、中国と貿易を行った。

① □にあてはまる人物名を書きましょう。

② 下線部の当時の国の名前を何といいますか。

(6) Fのあとに起こったことについて、次の文の（　）にあてはまる文を簡単に書きましょう。

　● 鎌倉幕府の力が（　　　　　）ようになった。

(7) Gについて、正しい文を、次から選びましょう。

　㋐ 元軍は日本の鎌倉まで攻めてきた。

　㋑ 幕府軍を率いていた執権は北条政子である。

　㋒ 日本の武士は火薬兵器と集団戦法で元軍を退けた。

　㋓ 戦いのあと、幕府に対する武士の不満が高まった。

(8) 次のできごとが起きた時期を年表中のあ～かからそれぞれ選びましょう。

　① 遣唐使が停止された。

　② 源頼朝が征夷大将軍になった。

　③ 御成敗式目が定められた。

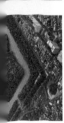

(3) 下線部aについて、このころの土器の多くにはどのような持ちようがありますか。「文様」の言葉を使って簡単に書きましょう。

(4) 下線部bの影響によって起きたと考えられることを次から選びましょう。

　㋐ むらが小さくなっていった。

　㋑ むらより大きくにができてきた。

　㋒ 米づくりが減った。

(5) 下線部cについて、この勢力を何といいますか。また、この勢力の王は何と呼ばれていたか、漢字2字で書きましょう。

(6) 次の資料に関係する時代を、Ⓐ～Ⓒから選び、また文中の（　）にあてはまる人物名を書きましょう。

> もとは男性を王としていたが、70～80年ほど日本中で争いが続いていたため、女性の王をたてた。名前を（　　）といい、まじないを行って、人々をよく引きつけている。
> （「魏志倭人伝」より）

しあげのテスト(1) 解答用紙

※解答用紙の右にある採点欄の □ は、丸つけのときに使いましょう。

学習した日 | 　月　　日

名前 |

採点欄

① 　／25
(2)(5)(6)完答
(3)4点
他1つ3点

② 　／29
(5)(8)1つ2点
(6)4点
他1つ3点

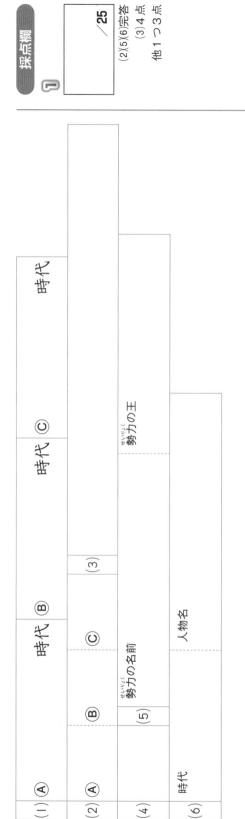

①
(1) Ⓐ　　時代　　Ⓑ　　時代　　Ⓒ　　時代

(2) Ⓐ　　Ⓑ　　Ⓒ

(3)

(4) 　　時代

(5) 勢力の名前　　　勢力の王

(6) 人物名

②
(1)　　(2)　　(3)　　(4)

(5) ①　　②　　③

(6)　　(7)

(8) ①　　②　　③

③ /21
(6)1つ1点　(4)4点
他1つ3点

④ /25
(5)4点
他1つ3点

得点 /100

③
(1)①　②
(2)
(3)
(4)
(5)
(6)①　テーマ
②　テーマ

④
(1)
(2)
(3)①　②　③
(4)①
(5)

✦メメメ　ひらめきトピックス　✦

1 右の年表を見て，次の問いに答えなさい。

年	できごと
1873	地租改正が行われる………Ⓐ
1874	民撰議院設立の建白書が提出される………Ⓑ
1904	日露戦争が始まる………Ⓒ
1911	関税自主権を回復する…Ⓓ
1914	第一次世界大戦が始まる…Ⓔ
1941	太平洋戦争が始まる………Ⓕ

(1) Ⓐの地租改正によって定められた地租の税率は当初，地価の何％でしたか。

(2) Ⓑのあとに起きたできごとを，次のⓐ〜ⓒのできごとを，起きた順に並べましょう。

　ア 大隈重信が立憲改進党を結成した。

　イ 第1回の衆議院議員選挙が行われた。

　ウ 大日本帝国憲法が発布された。

(3) Ⓒについて，正しい文を次から選びましょう。

　ア 講和条約によって台湾が日本の領土になった。

　イ 戦争後にリャオトン半島を清に返還した。

　ウ 講和条約で賠償金は得られなかった。

　エ 朝鮮へのゆしゅつがふえ，けいざいが豊

2 次の文を読んで，あとの問いに答えなさい。

　日本では，ポツダム宣言を受け入れて降伏したあと，連合国軍のもとで a 戦後改革が始まった。1951年に　A　を結んで独立を回復し，b 1956年に国際連合に加盟した。
　C 経済が急速に回復すると，国民生活も豊かになった。

(1) 文中のⒶにあてはまる言葉を次から選びましょう。

　ア サンフランシスコ平和条約　イ ベルサイユ条約

　ウ 日中平和友好条約　エ ポーツマス条約

(2) 下線部 a について，正しい文を次から選びましょう。

　ア 選挙権が満18才以上の男女に認められた。

　イ 地主の土地がへって，小作農家が増えた。

　ウ 軍隊を持つことが禁止された。

　エ 小学校の6年間のみが義務教育になった。

(3) 下線部 b と同じ年に日本と国交を回復し，冷戦ではアメリカと対立した国の名前を書きましょう。

(4) 下線部 c について　　　　戦後まもなく

4 右の図を見て，次の問いに答えなさい。

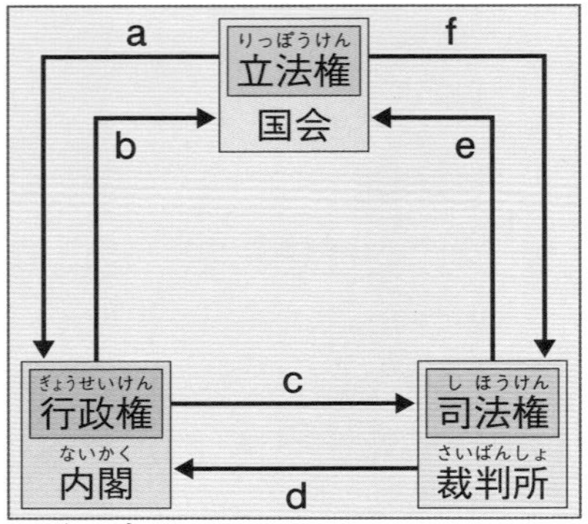

a
f
立法権
国会
b
e
行政権
内閣
c
司法権
裁判所
d

(1) 図中の国会について，次の問いに答えましょう。

① 次の（ A ），（ B ）にあてはまる数字をそれぞれ書きましょう。

●衆議院議員は（ A ）才以上，参議院議員は（ B ）才以上の国民が立候補できる。

② 国会について，正しい文を次から選びましょう。

[ア] 法律案は，国会議員のみが提出できる。

[イ] すべての国会議員が小選挙区制の選挙で選ばれる。

[ウ] 予算は，内閣から国会に提出される。

[エ] 法律案は最初に各議院の委員会に提出される。

(2) 図中の内閣について，教育や科学，文化などに関する行政を担当する省はどこですか。

(3) 図中の裁判所について，裁判所の判決に納得できない人は全部で何回まで裁判を受けることができますか。

(4) 三権分立について，次のしくみがあてはまる矢印を，図中のa～fからそれぞれ選びましょう。

① 法律が憲法に違反していないかを判断する。

② 国会の召集を決める。

5 次の文を読んで，あとの問いに答えなさい。

商品は，食料品のような[A]と，映画を観るような[B]に分けられる。a消費者は，b流通を使って届けられた商品を，cお金と引き換えに消費している。

(1) 文中の[A]，[B]にあてはまる言葉をそれぞれ書きましょう。

(2) 下線部aについて，次の問いに答えましょう。

① 商品の欠陥による消費者の被害に対する企業の責任を定めた法律を，次から選びましょう。

[ア] 消費者契約法　[イ] 消費者教育推進法

[ウ] 消費者基本法　[エ] 製造物責任法（PL法）

② 訪問販売などで購入した商品に適用することができるクーリング・オフ制度について，「８日」の言葉を使って簡単に説明しましょう。

(3) 下線部bについて，流通の流れを示した次の（　）にあてはまる言葉を書きましょう。

●生産者→（　）業者→小売業者→消費者

(4) 下線部cについて，次の問いに答えましょう。

① 円とドルのように，お金とお金を交換する比率のことを何といいますか。漢字４字で書きましょう。

② 商品の価格について，次の文のA・Bにあてはまる

(5) 地方の政治について，次の問いに答えましょう。

① 都道府県や市区町村の議会で定められたきまりを何といいますか。

② 都道府県知事や市区町村長のような首長はどのようにして選ばれますか。「住民」の言葉を使って簡単に書きましょう。

言葉の正しい組み合わせをあとから選びましょう。

●商品の量に対して，買いたいと考えている人が多いとき，商品の価格は（ A ）。また，買いたいと考えている人が少ないとき，商品の価格は（ B ）。

㋐ A－上がる　B－下がる

㋑ A－下がる　B－上がる

㋒ A－上がる　B－上がる

㋓ A－下がる　B－下がる

メキメキ ひらめきトピックス

歴史人物ワードパズル

右のマス目には，縦，横，斜めに，人名がかくれています。①～⑨の答えとなる人物でマス目にいないのはだれですか。

①十七条の憲法を定めた。
②かな文字で「源氏物語」を書いた。
③京都の北山に金閣を建てた。
④安土城を拠点に天下統一をめざした。
⑤茶の湯を発展させ，わび茶を完成させた。
⑥「東海道五十三次」などの浮世絵をえがいた。
⑦正確な地図をつくるために全国を測量した。
⑧アメリカから来航し，日本に開国を求めた。
⑨初代の内閣総理大臣になった。

じ	さ	い	い	ん	し	い	と	う	ひ	ろ	ぶ	み
わ	お	ら	ご	の	か	だ	ま	ぷ	ろ	あ	か	し
ら	だ	の	う	た	が	わ	ひ	ろ	し	げ	ん	む
い	の	う	た	だ	た	か	が	か	ま	て	が	ら
こ	ぶ	た	か	ち	か	ち	が	ざ	ぶ	え	る	さ
な	な	つ	も	か	う	よ	い	ち	ご	け	ー	き
か	が	ぺ	り	ー	し	よ	う	と	く	た	い	し
ろ	あ	け	の	み	つ	ひ	で	て	ん	か	な	き
う	ま	い	つ	な	ま	よ	お	に	ぎ	り	す	ぶ

(4) Dについて、このときの外務大臣はだれですか。

(5) 次の文は、Eのときの日本について述べたものです。
あとの問いに答えましょう。

> 日本は、日英同盟にもとづいて三国協商側で参
> 戦し、[＿＿＿＿＿＿＿＿＿＿＿＿＿＿]。

① 下線部について、三国協商の、イギリス以外の
国を、次から2つ選びましょう。

　ア　ロシア　　　イ　オーストリア
　ウ　イタリア　　エ　フランス

② [＿＿＿] にあてはまる内容を日本が行ったことの説明に
なるように、「ドイツ」「権益」の言葉を使って簡単に書
きましょう。

(6) Fについて、このとき日本軍が攻撃した、アメリカ軍
基地があるハワイ州の湾はどこですか。

(7) 次のような社会の様子が見られた時期を、年表中のあ
〜おから選びましょう。

> 大正デモクラシーの風潮が広まり、女性の地位
> 向上をめざす運動がさかんになった。

る、テレビ、電気冷蔵庫、電気洗濯機をまとめて何とい
いますか。

③ 右の図を見て、次の問いに答えなさい。

図　日本国憲法の三つの原則

A	B	C
国民主権	基本的人権の尊重	平和主義

(1) Aについて、天皇は、国と
国民全体の何であるとされて
いますか。漢字2字で書きま
しょう。

(2) Bについて、次の基本的人
権の名前を書きましょう。

　① 教育を受けたり、働く人
　が団結したりできる権利。

　② 個人が尊重され、同じよ
　うにあつかわれる権利。

　③ 選挙で投票するなど、政治に参加できる権利。

(3) Cについて、「戦争の放棄と戦力の不保持」を規定して
いる、日本国憲法の条文は第何条ですか。

(4) 日本国憲法の改正の手続きについて、国会に提出され
た憲法改正原案が可決される条件を簡単に書きましょう。

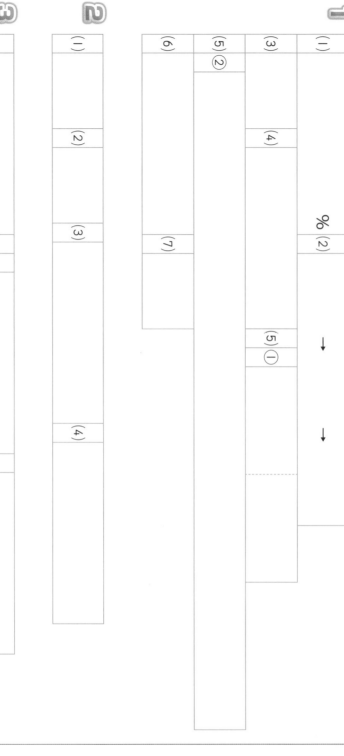

しあげのテスト(2) 解答用紙

※解答用紙の右にある採点欄の □ は, 丸つけのときに使いましょう。

学習した日 | 　月　　日

名前 |

1

(1)

(2) 　　　　%

(3) 　　　　(4) 　　　　(5) ①　→　　　→

(6) 　　　　(7)

2

(1)

(2) 　　　　(3) 　　　　(4)

3

(1) 　　　　(2) ①

(2) ③ 　　　　(3) 第　　　　案 　　　　②

採点欄

1
(2)(5)①完答
1つ3点
／24

2
1つ3点
／12

3
1つ3点
／18

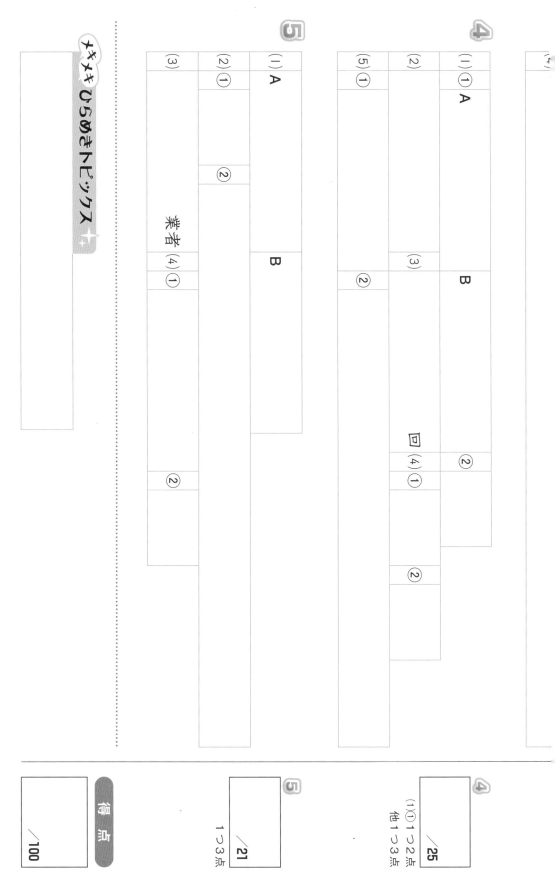

④ (1)① A　　B

(2)　　(3)　　回 (4)① ②

(5)① ②

⑤ (1) A　　B

(2)① ②

(3) 業者 (4)① ②

★★★★ ひらめきトピックス ★

④ ／25
(1)①1つ2点
他1つ3点

⑤ ／21
1つ3点

得点 ／100

トクとトクイになる！

小学ハイレベルワーク

社会 **6** 年

答えと考え方

「答えと考え方」は、
とりはずすことが
できます。

1 むらからくにへ

標準レベル＋ 4～5ページ

[1] ① たて穴住居 ② 貝塚
③ 石包丁 ④ 卑弥呼

[2] ① 前方後円墳 ② はにわ
③ 大和地方 ④ ワカタケル大王

ポイント 日本にわたってきた人類は，縄文時代は狩りと採集中心の生活をしていましたが，弥生時代のころには，米づくりを中心とした生活に変わっていきました。争いに勝利した強いむらは周辺のむらを支配するくにとなり，特に近畿地方を中心に成立した大和政権（大和朝廷）が，支配する地域を日本の広い範囲へ拡大していきました。

ハイレベル＋＋ 6～7ページ

❶ (1) ㋒
(2)① 縄文土器
② 弥生土器
(3)① ㋒
② ㋑
③ ㋐
(4)[例] 中国や朝鮮半島
(5)[例] 争いに勝った強いむらが周辺のむらを支配してくにがつくられていった。
(6) 邪馬台国
(7) 魏

❷ (1) ㋑
(2) 大仙〔仁徳陵〕古墳
(3) ㋐
(4)①[例] 大和政権が九州から関東までの広い範囲を支配していたこと。
② 渡来人

思考力トレーニング [例] 弥生時代にはむら同士で争いが起こっていた。

考え方

❶ (1) 最初の人類は，約700万～600万年前に現れた猿人であるとされています。
(2) 縄文土器は厚くて黒ずんでおり，縄目の文様が見られるものが多くあります。また，弥生土器は薄くて赤に近い明るい色が特ちょうです。
(4) 資料を見ると，中国で始まった米づくりが朝鮮半島を経由したりして九州の北部に伝わったことがわかります。
(5) 強いむらの支配者は豪族と呼ばれるようになりました。
(6) 邪馬台国の様子は「魏志倭人伝」という中国の歴史書に書かれています。
(7) 卑弥呼は魏の皇帝から「親魏倭王」の称号や金印，鏡などがあたえられました。

❷ (1) ㋐は方墳，㋒は円墳と呼ばれる古墳です。
(2) 大仙（仁徳陵）古墳は大阪府堺市にある前方後円墳で，日本最大の古墳です。
(3) 土偶は祈りなどのためにつくられた土の人形で，主に縄文時代につくられました。
(4) 大和政権は，渡来人の知識や技術を取り入れ，日本の広い地域を支配しました。

思考力トレーニング 出土した人骨に首がないことや矢じりのような武器で攻撃された跡があることから，弥生時代にはむら同士で武力による争いがあったことがわかります。

標準レベル+　　　8〜9ページ

1　①　隋　　　　　②　冠位十二階

　　③　十七条の憲法　④　遣隋使

　　⑤　6世紀　　　　⑥　7世紀

2　①　唐　　　　　②　蘇我氏

　　③　白村江の戦い　④　藤原京

ポイント　この時代は政治の中心が奈良県の飛鳥地方にあったことから、「飛鳥時代」といいます。聖徳太子や中大兄皇子(のちの天智天皇)は、中国の制度に学び、天皇中心の国をつくろうとしました。

ハイレベル++　　　10〜11ページ

❶　(1)①　蘇我氏

　　　②　ウ

　　　③例　能力のある優れた人物

　　(2)①　い

　　　②　う

　　(3)A　エ

　　　B　ウ

　　　C　オ

　　　D　イ

　　(4)　白村江の戦い

　　(5)例　天皇を中心とした国をつくろうとした。

❷　(1)①　仏教

　　　②例　役人の心構えを示すため。

　　(2)例　中国と対等の立場で外交しようとした。

　　(3)①　法隆寺

　　　②　藤原京

思考力トレーニング　例　聖徳太子が遣隋使を派遣した理由を書きましょう。

考え方

❶　(1)　蘇我氏は渡来人の知識などを取り入れながら力をのばした豪族で、天皇家とも血縁関係がありました。聖徳太子は、蘇我氏と協力しながら遣隋使の派遣や冠位十二階の制定などを進めて、天皇を中心とした国づくりを進め

ました。

(2)　欽明天皇は日本に仏教が伝わったころに国を治めた天皇です。欽明天皇の娘である推古天皇は、聖徳太子のおばにあたります。聖徳太子は推古天皇の政治を助ける役職についていました。また、天智天皇は天皇になる前の中大兄皇子だったときに、大化の改新を始めました。天智天皇の弟である天武天皇は、壬申の乱という争いで天智天皇の息子である大友皇子をたおし、天皇となりました。

(3)　7世紀初めに隋がほろび、唐が建国されました。また、7世紀半ばの朝鮮半島は、北部の高句麗、東部の新羅、西部の百済に分かれていました。

(4)　白村江の戦いは、百済を助けようとした日本の軍が、唐と新羅の連合軍に敗れた戦いです。

(5)　聖徳太子や中大兄皇子は、天皇を中心とした国をつくることで、安定した強い国をつくろうとしました。

❷　(1)　資料1の第2条の三宝とは、仏教で大切な仏・法・僧のことです。

(2)　「日がのぼる国」は東にある日本、「日がしずむ国」は西にある中国(隋)のことです。当時は、中国(隋)の皇帝が周辺の国々の王を家臣とする関係が一般的でしたが、聖徳太子は対等な関係を求めていました。

(3)　法隆寺は奈良県斑鳩町にある、聖徳太子が建てたとされる寺です。また、藤原京は現在の奈良県橿原市にあったとされる都です。

思考力トレーニング　隋の制度や文化を取り入れるために行われたことは何だったかを思い出して、問題文を考えてみましょう。

3 仏教で国を治める

1 ① 遣唐使　　② 律令
③ 平城京　　④ 租
2 ① 東大寺　　② 行基
③ 正倉院　　④ 万葉集

ポイント 701年に大宝律令が定められると，天皇を中心とした律令国家のしくみが整えられて，人々は様々な税を負担することになりました。そのあと，聖武天皇はたび重なる災害などから国を守るため，奈良に東大寺を建て，そこに大仏をつくり，日本各地に国分寺を建てました。また，このころは，国際色豊かな天平文化が栄えました。

❶ (1)① 大宝律令
　　② ウ
(2) 奈良(県)
(3)租 ウ
　調 ア
(4)例 土地の所有を認めることで人々に開墾をすすめて，農地(田)を増やそうとした。
(5) 荘園
❷ (1)①A 東大寺
　　　B 国分寺
　②例 仏教の力で国を守ろうとしたから。
(2) 唐招提寺
(3)① 風土記
　② 日本書紀
(4)例 防人として九州の守りについた人。

思考力トレーニング イ

考え方

❶ (1) 701年，唐の律令にならって大宝律令が定められました。天皇の指示で政治を行う太政官などの二官，中務省をはじめとする八省が置かれました。また，九州を治める大宰府が置かれたほか，国ごとに中央から国司が派遣

されました。
(2) 平城京は現在の奈良県奈良市付近にあった都で，唐の都である長安にならって，710年につくられました。
(3) イは防人などの兵役，エは庸について説明しています。
(4) 資料2に書かれている通り，それまでは新しく開墾した土地でも一定期間たてば国に返す必要がありました。朝廷は，この規制をなくすことで農地(田)を増やして，そこから得られる税も増やそうとしました。
(5) 貴族や寺院などは，農民を動員して大規模な開墾を行うなどして自分の土地を広げていきました。

❷ (1) 聖武天皇は，奈良に東大寺を建て，国ごとに国分寺を建てました。
(2) 鑑真は仏教の正しい教えを広めるために来日して，現在の奈良県奈良市に唐招提寺を建てました。
(3) 「風土記」は国ごとにつくられましたが，現在は出雲国(現在の島根県のあたり)のもの以外，完全なものは残されていません。また，「古事記」は天皇家の歴史などが書かれており，「日本書紀」は国の歴史が天皇中心に書かれています。「日本書紀」の「紀」の字を「記」と書かないように注意しましょう。
(4) 防人は，武器や食料を自分で準備しなければならず，また家族ともはなればなれになるので，農民にとって大変負担のある任務でした。

思考力トレーニング 天平文化の国際色豊かな特ちょうを表すものとして，正倉院に納められた外国の宝物があります。これらは，遣唐使が持ち帰ったものであるとされているので，イの遣唐使船が説明にふさわしいと考えられます。

1 ① 平安京 　② 菅原道真
　③ 唐 　④ 藤原道長
　⑤ 摂関

2 ① 寝殿造 　② かな文字
　③ 源氏物語 　④ 浄土信仰

ポイント 京都の平安京が政治の中心だった時代を「平安時代」といいます。貴族は都ではなやかなくらしをしており，その中でも藤原氏は天皇とむすびつきを強めることで政治の実権をにぎりました。また，遣唐使が停止されたことをきっかけに，それまでとはちがう日本独自の文化が栄えました。

---

❶ (1)① イ
　② B
(2) 坂上田村麻呂
(3) イ，ウ
(4)①A 摂政
　　B 関白
　②例 自分の娘を天皇のきさきにして，その子どもを次の天皇にした。

❷ (1)① 紫式部
　② 清少納言
　③ ウ
(2) エ
(3)例 念仏を唱え，死後の極楽浄土への生まれ変わりをいのった。

思考力トレーニング 例 藤原道長が資料の歌をよんだときの気持ちを，書きましょう。

考え方

❶ (1) 桓武天皇は，現在の京都府京都市につくった平安京に都を移しました。Aは紫香楽宮（滋賀県甲賀市），Cは藤原京（奈良県橿原市），Dは難波宮（大阪府大阪市）の位置にな

ります。
(2) 坂上田村麻呂は蝦夷（東北地方に住んでいた朝廷に従わなかった人々）の指導者だったアテルイと戦いました。
(3) 唐がおとろえたことで，航海の危険が多い遣唐使を派遣する意味が薄れていました。
(4) 系図を見ると，藤原道長の娘が天皇のきさきになり，その子どもが天皇になっていることがわかります。

❷ (1) 平安時代に書かれた文学作品として有名なのが，紫式部の「源氏物語」と清少納言の「枕草子」です。また，当時の貴族の食事は，人々が税として納めたものを材料にしたぜいたくなものでした。
(2) 天台宗は最澄が始め，比叡山に開いた延暦寺を中心として広まり，真言宗は空海が始め，高野山に開いた金剛峯寺を中心として広まりました。
(3) 資料2の平等院鳳凰堂は阿弥陀堂なので，浄土信仰について「念仏」の言葉を使って説明しましょう。

思考力トレーニング 資料は，藤原道長が自分の娘を天皇のきさきにしたときによんだ「もち月の歌」です。この歌をよんだときの道長の気持ちを問う問題文を考えてみましょう。

5 武士による政治

標準レベル＋ 20〜21ページ

1 ① 武士団　② 平治
③ 平清盛（たいらのきよもり）　④ 壇ノ浦（だんのうら）
⑤ 源頼朝（みなもとのよりとも）

2 ① 執権（しっけん）　② 守護（しゅご）
③ 地頭（じとう）　④ 奉公（ほうこう）
⑤ ご恩（おん）

ポイント 平安（へいあん）時代後半の10世紀以降（いこう），武士の力が強くなり，やがて貴族（きぞく）に代わって政治の中心になりました。1180年から始まった源氏（げんじ）と平氏（へいし）の争いでは，最終的に源氏（げんじ）が勝利を収（おさ）めました。1185年以降は，政治の中心が鎌倉（かまくら）に移り，鎌倉（かまくら）時代となります。

標準レベル＋ 22〜23ページ

1 ① 武芸　② 定期市（ていきいち）
③ 金剛力士像（こんごうりきしぞう）　④ 平家物語（へいけものがたり）
⑤ 法然（ほうねん）

2 ① 元（げん）　② 元寇（げんこう）
③ 永仁の徳政令（えいにんのとくせいれい）

ポイント 源氏（げんじ）の将軍が3代で途切（とぎ）れると，執（しっ）権の北条氏（けんほうじょう）が中心となって鎌倉幕府（かまくらばくふ）の政治を取り仕切るようになりました。しかし，元（げん）の襲来（しゅうらい）によって幕府（ばくふ）と武士の関係がくずれたことで，幕府（ばくふ）の力は次第に弱まっていきました。

ハイレベル＋＋ 24〜25ページ

① (1) 太政大臣（だいじょうだいじん）
(2) ⑦，⑦
(3) 厳島神社（いつくしまじんじゃ）
(4) ⑦→⑦→⑦
(5)① ⑦
② 例 周りを山と海に囲まれており，敵（てき）がせめこみにくい地形だから。

② (1) 金剛力士像（こんごうりきしぞう）

(2)A 浄土真宗（じょうどしんしゅう）
B 一遍（いっぺん）
(3)① ⑦
② 例 元軍（げん）の上陸を防（ふせ）ぐため。
③ ⑦

💡**思考力トレーニング** 例 承久の乱（じょうきゅうのらん）で，北条政子（ほうじょうまさこ）は武士（御家人）（ごけにん）に対して，どのようなことをうったえましたか。

考え方

① (1) 太政大臣（だいじょうだいじん）になった平清盛（たいらのきよもり）は，一族の人間を朝廷（ちょうてい）の重要な職につけるなどして，平氏（へいし）の権力（りょく）を強めていきました。

(2) ⑦の保元の乱（ほうげんのらん）は，平治の乱（へいじのらん）よりも前に起きた戦いです。また，⑦は聖武天皇（しょうむてんのう），⑦は聖徳太子（しょうとくたいし）や中大兄皇子（なかのおおえのおうじ）など飛鳥（あすか）時代〜奈良（なら）時代の人物が行ったことです。

(3) 厳島神社（いつくしまじんじゃ）は日本と中国（宋（そう））の貿易を行う航路の途中にあります。平清盛（たいらのきよもり）は厳島神社（いつくしまじんじゃ）を信仰（しんこう）し，貿易の成功をいのりました。

(5)① ⑤政所（まんどころ）は政治や幕府（ばくふ）の財政（ざい）などを担当しました。⑥問注所（もんちゅうじょ）は御家人（ごけにん）の土地の争いなどの裁判（さいばん）を担当しました。⑦六波羅探題（ろくはらたんだい）は京都（きょうと）の警備（けいび）や朝廷（ちょうてい）の監視（かんし）を行いました。

② 資料2から鎌倉（かまくら）は三方を山，一方を海に囲まれた地形であることがわかります。この地形をいかして，敵（てき）からの攻撃（こうげき）に備えました。しかし，人やものの移動には不便であったため，切通（きりとお）しと呼ばれる道がつくられ，交通の要所となりました。

▼鎌倉（かまくら）の切通（きりとお）しの跡（あと）

❷ (1) 運慶は鎌倉時代を代表する仏師（仏像をつくる人）でした。力強い作風の仏像は当時の武士に人気があり，幕府などからも注文を受けました。

(2) 親鸞は阿弥陀如来の救いを信じる浄土真宗を広めました。また，一遍は時宗を開き，おどりを取り入れた念仏などで民衆に教えを広めました。

(3) 資料３には，大宰府があることから，九州地方であることがわかります。また，防塁（石塁）は海からの上陸を防ぐため，湾を囲むようにつくられていることがわかります。幕府は元軍を退けることはできましたが，敵の領地をうばえたわけではなかったため，御家人に新たな土地などのほうびをあたえることがほとんどできませんでした。

💡**思考力トレーニング** 資料は，北条政子が1221年の承久の乱のときに鎌倉の武士（御家人）に伝えた言葉です。資料の内容が「どのようなとき」に「だれ」から「どのような人（たち）」に対してうったえた言葉なのかを明確にしたうえで，答えに合う問題文を考えてみましょう。

標準レベル+　　26〜27ページ

1 ① 建武の新政　② 足利尊氏
　③ 日明貿易　④ 応仁の乱
　⑤ 管領

2 ① 金閣　② 能
　③ 書院造　④ すみ絵

ポイント　北朝と南朝が対立した時代を南北朝時代といいます。室町幕府は３代将軍足利義満のころに安定し、日明（勘合）貿易など海外との貿易を行いました。また、京都の北山や東山を中心とした室町文化が栄えて、能や狂言、和室のもとになった書院造などが生まれました。

ハイレベル++　　28〜29ページ

1 (1)① 後醍醐（天皇）
　　② エ
　　③例　南朝と北朝の２つに朝廷が分かれていた時代。
　(2)① A　明
　　　B　朝鮮（国）
　　　C　琉球（王国）
　　②例　正式な貿易船であることの証明書として使われていた。
　(3)　応仁の乱

2 (1)資料１　エ
　　資料２　イ
　(2)①例　武士と貴族の文化が混じりあった文化。
　　②例　質素で落ち着いた文化。
　(3)　雪舟
　(4)　エ

思考力トレーニング　例　書院造の部屋が現代に影響をあたえていることがわかる点を簡単に書きましょう。

考え方

1 (1)① 後醍醐天皇が始めた建武の新政は、貴族中心の政治であったために武士の不満が集

まり、２年ほどで失敗に終わりました。
　② 管領は将軍を補佐して、政務全体を管理しました。
　③ 北朝は足利尊氏らが新たに京都に立てた朝廷。南朝は、建武の新政に失敗した後醍醐天皇が吉野（奈良県）に立てた朝廷です。
(2)　明は、1368年に漢民族が立てた中国の王朝で、1404年から日本と貿易を始めました。勘合は、正式な貿易船が持つ左半分の文字と、明が持つ右半分の文字をつなぎ合わせて証明を行いました。また、Bには1392年に朝鮮（国）が建国され、Cには1429年に琉球（王国）が建国されました。
(3)　応仁の乱は約11年にわたって続き、争いは京都から全国に広がっていきました。

2 (1)　資料１の金閣は、足利義満が京都の北山に建てた別荘で、資料２の銀閣は、足利義政が京都の東山に建てた別荘です。
(2)　北山文化は貴族の影響が強いはなやかな文化ですが、東山文化は武士の影響が強い質素で落ち着いた文化になっています。
(3)　雪舟などがかいたすみ絵（水墨画）は、同じころに生まれた書院造の床の間にかざられたりしました。
(4)　資料３は能の様子を示しています。エは狂言の説明です。

思考力トレーニング　資料は東求堂同仁斎の書院造の写真です。答えには、たたみやふすまといった、書院造が現代にあたえた影響の例が書かれているので、そのようなことを問う問題文を考えてみましょう。

7 戦国の時代と二人の武将

標準レベル＋　30～31ページ

1 ① 一向一揆　② 石見銀山
③ 下剋上　④ 城下町
⑤ 分国法

2 ① 種子島　② キリスト教
③ スペイン

ポイント 応仁の乱以降，各地で戦乱が起こりました。戦国大名は，城下町を整備し，独自の分国法を定めて国を支配しました。

標準レベル＋　32～33ページ

1 ① 長篠の戦い　② 楽市・楽座
③ 朝鮮　④ 検地
⑤ 刀狩

2 ① 活版　② 狩野永徳
③ かぶきおどり

ポイント 戦国大名同士が争う中で，織田信長や豊臣秀吉が力を持ち，日本が統一されていきました。また，南蛮文化や桃山文化などの文化が生まれました。

ハイレベル＋＋　34～35ページ

1 (1)① ㋑
② ㋓

(2)[例] 身分の低い人が身分の高い人を武力でたおし，立場を取って代わる風潮。

(3)① a　㋐，㋓
b　㋑，㋒
② ㋐
③[例] 田畑の広さを調べて記録している。

2 (1) (フランシスコ・)ザビエル
(2) ㋓
(3) ㋓
(4) ㋒
(5) 桃山文化
(6)[例] わび茶を完成させた。

思考力トレーニング [例] 農民から刀や鉄砲を取り上げている様子(刀狩の様子)を示した資料。

考え方

1 (1) ①は山城国一揆，②は石見銀山について述べています。山城は現在の京都府のことです。また，石見銀山は現在の島根県にあります。

(2) 戦国時代になると，領民がその土地を支配する大名をたおしたり，力のある家臣が自分の主君をたおしたりして，その立場をうばうことが起こりました。

(3)① ㋐～㋓のほかに，織田信長が行ったことには，武田氏を長篠の戦いで破ったことなど，豊臣秀吉が行ったことには，農民の反乱を防ぐため，刀狩を行ったことなどもあります。

② 資料1は，安土城の城下町で出された楽市・楽座令です。織田信長は，関所の廃止なども行いました。

③ 資料2は検地の様子をかいたものです。検地では，田畑の広さや耕作している人を検地帳に記録しました。記録された人は，土地の権利を認められる代わりに，年貢(税)を納める義務を負いました。

2 (1) フランシスコ・ザビエルは鹿児島に上陸し，九州などでキリスト教を布教しました。

(2) 鉄砲は，鹿児島県の種子島に伝来しました。

(3) 長篠は現在の愛知県にあります。1575年に織田信長と徳川家康の連合軍が，武田勝頼の軍と戦いました。

(4) 銀は日本から海外へ持ち出されたものです。

(5) 資料1は兵庫県にある姫路城です。安土桃山時代には，安土城や大阪城などの大きな天守を持つ城がつくられました。

(6) 千利休は茶の湯に優れた堺の商人で，織田信長や豊臣秀吉に仕えました。

思考力トレーニング 検地や刀狩によって，武士と農民の身分が明確に区別されるようになりました。資料は検地の様子を示していますが，答えに「農民が武器を持てなくなった」とあるので，刀狩の資料も必要になります。

8 江戸時代の政治と貿易

標準レベル＋ 36〜37ページ

1 ① 関ヶ原　② 徳川家康
③ 武家諸法度　④ 幕藩体制
⑤ 参勤交代　⑥ 出島

2 ① 東海道　② 天下の台所
③ 千歯こき

ポイント 江戸時代初期には幕藩体制が整えられて，大名を統制するために武家諸法度が定められました。また，街道や海路などの交通網が整えられ，都市を中心に産業が発展しました。1641年には，オランダの商館が出島に移されて鎖国が完成しました。

ハイレベル＋＋ 38〜39ページ

1 (1)① ㋐→㋒→㋑
② 老中
③ 譜代(大名)
(2)① 参勤交代
② 徳川家光
(3)① ポルトガル
②[例] オランダや中国は，キリスト教を布教するおそれがなかったから。
③ D

2 (1)①X 中山道　Y 甲州街道
②東廻り航路 A
南海路 C
(2)① 大阪
② 江戸
(3)aの名前 備中ぐわ
aの利点 [例] 深く耕すことができる。
bの名前 千歯こき
bの利点 [例] 効率よく脱穀ができる。
(4) 九十九里浜

思考力トレーニング [例] 幕藩体制における外様大名の配置の特ちょうについて，地図からわかることを書きましょう。

考え方

1 (1)① ㋐の関ヶ原の戦いは1600年，㋑の大阪の陣で豊臣氏をほろぼしたのは1615年，㋒の征夷大将軍に任命されたのは1603年のできごとです。
②③ 老中は譜代大名の中から何人か任命されており，月ごとに政治を担当しました。
(2) 参勤交代の制度により，原則として1年おきに江戸と領地とを往復することが義務づけられて，大名の妻子は江戸のやしきでくらすことになりました。
(3) スペイン船の来航が禁止されたのは1624年，島原・天草一揆が起こったのは1637〜38年，ポルトガル船の来航が禁止されたのは1639年です。オランダや中国との貿易は，江戸時代を通じて続けられました。また，出島は現在の長崎県につくられました。

2 (1)① 中山道は，内陸部を通って江戸と京都を結び，甲州街道は，江戸と甲府(山梨県)などを結びました。
② 東廻り航路は日本海沿岸の酒田(山形県)から本州の北を回り，太平洋側を南下して江戸までを結ぶ航路です。南海路は江戸と大阪を結ぶ航路で，品物などを運ぶ菱垣廻船や酒などを運ぶ樽廻船が行き来しました。
(2) 江戸や大阪は，文化の中心地だった京都と合わせて「三都」と呼ばれ，17世紀後半以降に大きく発展しました。
(3) 新しい農具の発明や農業技術を記した本が広まったことなどにより，米の生産量は大幅に増えました。
(4) いわしは「干鰯」と呼ばれる肥料に加工されました。

思考力トレーニング 答えは地図中の外様(大名)の配置について述べているので，そのことを問う問題文を考えましょう。

9 江戸時代の変化

標準レベル＋　40〜41ページ

1 ① 徳川吉宗　② 田沼意次
③ 松平定信　④ 大塩平八郎
⑤ 水野忠邦

2 ① 松尾芭蕉　② 浮世絵
③ 歌舞伎　④ 解体新書

ポイント 江戸時代には，幕府の財政を立て直すため，しばしば改革が行われました。そのうち，徳川吉宗は享保の改革，松平定信は寛政の改革，水野忠邦は天保の改革を行いました。また，元禄文化や化政文化のような町人を中心とした文化がさかんになりました。

ハイレベル＋＋　42〜43ページ

1 (1)① 享保の改革
②a ㋑
b ㋒
c ㋐
③[例] 参勤交代で江戸にくらす期間を短くしてよい。
(2)① ㋑
② 株仲間
③ ㋑
(3) A

2 (1)① 元禄文化
② ㋑
③ ㋒
(2)① ㋑，㋒
② 蘭学
(3)[例] 仏教や儒教が日本に伝わる以前の日本人の考え方を明らかにする学問。
(4) 伊能忠敬

思考力トレーニング [例] 田沼意次の政治の特ちょうを書きましょう。

考え方

1 (1)① 享保の改革は，徳川吉宗が将軍だった1716〜1745年に行われた政策のことをいいます。

② ㋐水野忠邦は，江戸や大阪周辺の農村を幕府の直接の支配地にしようとしましたが，大名や幕府に仕える人々の反対を受けて失敗しました。㋑公事方御定書は，一般の人々には公開されませんでした。㋒天明のききんで多くの人々が生活に困ったり亡くなったりしたことを受けて，松平定信は各地の村に米をたくわえさせました。

③ 徳川吉宗は，幕府の財政を立て直すため，米を大名に納めさせ，代わりに参勤交代の負担をへらすことを認めました。

(2)① 田沼意次が老中として政治を行った期間は1772〜1786年です。田沼意次のあとの1787〜1793年の間に，松平定信が老中として寛政の改革を行いました。

② 株仲間は幕府や藩に税を納めて許可を受けると，営業を独占する権利が認められ，大きな利益を得ました。

③ 田沼意次のころ，地位や特権を求める人々がわいろをおくることが増えて，政治が乱れました。

(3) ロシアの使節であったラクスマンは蝦夷地（現在の北海道）の根室に来航して日本に通商を求めました。

2 (1)② 大和絵は平安時代，すみ絵（水墨画）は室町時代に発展しました。

③ ㋐は井原西鶴ら，㋑は松尾芭蕉ら，㋓は葛飾北斎や歌川広重らが行ったことです。

(2) 資料２の「解体新書」は，オランダ語の「ターヘル・アナトミア」をほん訳したものです。当時，徳川吉宗が外国の本の輸入禁止をゆるめたことで，外国の知識が入手しやすくなりました。

(3) 本居宣長は，「古事記伝」を書いて国学を大成しました。

思考力トレーニング 答えには，株仲間などの政策で商業を発展させ，そこから税を取ることを重視した田沼意次の政策の特ちょうが書かれています。

10 江戸から明治へ

標準レベル＋　44～45ページ

1 ① ペリー　② 日米和親
③ 日米修好通商　④ 大政奉還
⑤ 五箇条の御誓文

2 ① 勝海舟　② 戊辰
③ 西郷隆盛　④ 坂本龍馬

ポイント 江戸時代末には，アメリカとの間で日米和親条約，日米修好通商条約が結ばれました。これに対して，天皇を尊ぶ尊王論と，外国勢力を排除しようとする攘夷論が結びついて尊王攘夷運動がさかんになり，木戸孝允や西郷隆盛など倒幕に向けて動く志士が活やくするようになりました。

ハイレベル＋＋　46～47ページ

1 (1) ㋒
(2) ㋐，㋒
(3)[例] 日本の関税自主権がなく，アメリカに領事裁判権〔治外法権〕を認めたから。
(4) ㋒→㋐→㋑
(5)①[例] 徳川慶喜によって朝廷に政権が返された。
② ㋑，㋒

2 (1)①X 西郷隆盛
Y 勝海舟
② 戊辰戦争
③[例] 江戸城を無血開城すること。〔戦わずに江戸城を新政府軍に明けわたすこと。〕
(2) ㋒
(3) ㋐

思考力トレーニング [例] アメリカ（やオランダ）の占める割合が小さくなった。〔イギリスの占める割合が大きくなった。〕

考え方

1 (1) 浦賀は現在の神奈川県横須賀市にあります。
(2) 日米和親条約で，㋐の函館，㋒の下田が開港しました。また，日米修好通商条約では，㋐の函館，㋑の新潟，㋓の兵庫（神戸）と，神奈川（横浜），長崎が開港しました。
(3) 日本は関税自主権がなかったため，輸出入する品物の関税率を自由に決定することができませんでした。また，アメリカに領事裁判権（治外法権）を認めていたため，日本国内で罪を犯したアメリカ人を，日本の法律で裁くことができませんでした。
(4) ㋐は1860年，㋑は1863年，㋒は1858～1859年のできごとです。
(5)① 資料2は1867年に京都の二条城で行われた大政奉還の様子を示しています。
② ㋐・㋓は江戸幕府が1615年に定めた武家諸法度の内容です。

2 (1) 1868年に始まった戊辰戦争は，旧幕府軍と新政府軍との間で起こった戦いです。鳥羽・伏見の戦い（京都府）から始まり，会津戦争（福島県）などを経て，1869年の五稜郭の戦い（北海道）まで続きました。資料に示した会談は，1868年に新政府軍の西郷隆盛と旧幕府方の勝海舟の間で開かれたものであり，双方の話し合いにより江戸城を新政府軍に明けわたすことが決定されました。
(2) 薩摩藩の西郷隆盛と大久保利通，長州藩の木戸孝允（桂小五郎）と高杉晋作，土佐藩の坂本龍馬などが幕府をたおす動きの中心となりました。
(3) 松平容保は会津藩の藩主として幕府側に従い，新政府軍と戦いました。

思考力トレーニング 1860年と1865年の2つのグラフから，アメリカの割合が大きくへっていることがわかります。これは，アメリカ国内で南北戦争（1861～65年）が起こり，アジアへの進出が止まったことが主な理由です。また，イギリスは開国後の最大の貿易相手国であり，1860年から1865年にかけても高い割合を占めていました。

11 明治の国づくり

標準 レベル＋　　48〜49ページ

1 ① 廃藩置県　② 学制
③ 徴兵令　④ 地租改正
⑤ 殖産興業　⑥ 文明開化

2 ① 西南戦争　② 板垣退助
③ 伊藤博文　④ 大日本帝国憲法

ポイント 明治時代になると欧米にならった様々な改革が進められました。改革が進む中で，人々の間に政治参加を求める声が高まり，国会を開き憲法をつくる動きが広がっていきました。

標準 レベル＋　　50〜51ページ

1 ① 下関
② リャオトン半島　③ 与謝野晶子
④ ポーツマス

2 ① 岩倉使節団　② ノルマントン号事件
③ 北里柴三郎　④ 陸奥宗光
⑤ 小村寿太郎　⑥ 野口英世

ポイント 日本は清（中国）やロシアとの間で起こった戦争に勝利すると，国際的な地位を高めて，不平等条約の改正にも成功しました。このころには，北里柴三郎や野口英世のように，世界的な活やくをする日本人も現れました。

ハイ レベル＋＋　　52〜53ページ

❶ (1)① ウ　② エ
③ イ　④ ア
(2)A 地券　B 現金
(3) イ
(4) 天皇
(5)例 西洋の文化などを積極的に受け入れる風潮。

❷ (1) イ，エ

(2) A
(3)例 日清戦争よりも亡くなった人の数が多く，戦争の費用が多くかかったが，賠償金が得られなかったから。
(4) ア→ウ→イ

思考力トレーニング 例 日本は自分たちよりも戦力が大きい国を相手に戦争をしたこと。

考え方

❶ (1) 版籍奉還が実施されたあとも藩主が知藩事として領地を治めていました。そのあと，明治政府は政府が全国を統治するしくみにするために，廃藩置県を実施しました。
(2) 地租改正が行われた当初，地租の税率は３％でしたが，1877年に2.5％に引き下げられました。
(3) aは板垣退助，cは伊藤博文，dは大隈重信について説明しています。
(4) 大日本帝国憲法のもとでは，天皇が主権を持っていました。
(5) 文明開化では，レンガづくりの建物やガス灯が増えて，馬車がまちを走るようになりました。また，１日を24時間，１週間を７日とする太陽暦が取り入れられました。

❷ (2) Aはリャオトン半島，Bは朝鮮，Cは台湾，Dはポンフー諸島の位置を示しています。
(3) ポーツマス条約は日露戦争の講和条約です。ポーツマス条約は日本に有利な内容でしたが，下関条約とは異なり賠償金を得られなかったため，民衆の間では不満が高まりました。
(4) 欧米諸国に認められるため，1883年に鹿鳴館が建てられましたが条約改正は進みませんでした。しかし，日清戦争の直前の1894年にイギリスが領事裁判権（治外法権）をなくすことに，日露戦争後の1911年にアメリカが関税自主権の回復に，それぞれ同意しました。

思考力トレーニング 日清戦争・日露戦争における各国の戦力を表した資料から，日本が清とロシアのどちらに対しても戦力でおとっていたことが読み取れます。２つの大国に勝利した日本は国際的な地位が高まりました。

12 大正時代から昭和時代へ

標準レベル＋ 54～55ページ

1 ① 日英同盟　② 二十一か条の要求
③ 米騒動　④ 国際連盟
⑤ 大正時代

2 ① 平塚らいてう　② 政党内閣
③ 全国水平社　④ 普通選挙法

ポイント 日本は日英同盟にもとづいて，イギリスと敵対したドイツへ宣戦布告する形で第一次世界大戦に参戦しました。ヨーロッパで激しい戦いが行われている間，日本は中国の領土の一部をうばうために二十一か条の要求をおしつけました。このような日本の行動に対して，中国では大きく反発する感情が広がりました。一方で，日本国内では民主主義（デモクラシー）への意識が高まり，普通選挙を求める運動や差別をなくすための運動などがさかんに行われました。大正時代のこのような風潮を大正デモクラシーといいます。

標準レベル＋ 56～57ページ

1 ① 世界恐慌　② 満州事変
③ 五・一五事件　④ 日中戦争
⑤ 真珠湾

2 ① 勤労動員　② 配給制
③ 疎開　④ 長崎

ポイント 昭和時代になると，世界恐慌の影響で不景気となり，生活に苦しむ人が増えました。日本は海外への進出を強めてアメリカなどの国と対立し，1941年に太平洋戦争が始まりました。人々は戦争に協力するために生活を制限されたうえ，沖縄戦や空襲で大きな被害を受けました。1945年8月15日に日本は降伏して，長い戦争が終結しました。

ハイレベル＋＋ 58～59ページ

1 (1)① 日英同盟
② ドイツ
③[例] 日本の軍がロシアに出兵すると決まったこと。
(2) 五・四運動
(3)① ㋒
② 治安維持法
③[例] 税金の制限がなくなり，25才以上のすべての男子に選挙権が認められた。

2 (1) 満州国
(2) ㋓
(3) ㋓
(4) 原子爆弾〔原爆〕
(5)[例] 空襲をさけるため，地方に疎開している様子。

思考力トレーニング ㋐

考え方

1 (1) 日本は日露戦争の前に結ばれた日英同盟にもとづいて第一次世界大戦に参戦し，ドイツが権益を持つ中国の地域（山東省など）を攻撃しました。また，1917年にロシア革命が起きると，革命の影響が広がるのをおそれて，イギリスやアメリカなどの国とともにロシアのシベリアに出兵しました。このときに米商人などが出兵に向けて食料が必要になると考えて米の買い占めを行ったことから，米の価格が上がり，不満を持った人々が暴動を起こしました。
(2) 中国で起きた五・四運動の背景には，ベルサイユ条約が結ばれたパリ講和会議において，日本が占領した山東省の返還などの要求が退けられたことがありました。
(3)① ㋐は原敬，㋑はウッドロー・ウィルソンによって行われたことです。また，㋓は全国水平社の説明です。
② 治安維持法は，最初は共産主義（財産を人々が共有することで，貧富のない社会を実現しようとする考え方）を取りしまる法律でしたが，しだいに社会運動全体を取り

しまるようになりました。

③　普通選挙法によって，有権者の数は大きく増えましたが，女性の選挙権はまだありませんでした。

▼資本主義と社会主義

> ●資本主義
> 生産手段（工場や土地など）を持つ資本家が，生産手段を持たない人（労働者）に賃金をわたすかわりに，商品を生産する労働力を得るしくみ。自由な競争によって経済を動かす考え方。
>
> ●社会主義
> 個人や会社が資本家になるのではなく，国や地方が生産手段を持つことで，すべての人を労働者として平等にあつかう考え方。国が利益を管理して，人々に分配する。共産主義は社会主義のように国が利益を分配するのではなく，人々が必要に応じて利益を受け取ることで平等な社会を実現する考え方。現在では，社会主義と共産主義を明確に区別していないことが多い。

❷ (1)　満州国が国際連盟で認められなかったために，反発した日本は1933年に国際連盟を脱退しました。

(2)　犬養毅は，外国との関係を重視し，満州国の承認を延期していました。

(3)　真珠湾はハワイ州のオアフ島にあり，アメリカの軍事基地として利用されていました。

(4)　原子爆弾は，８月６日に広島，８月９日に長崎に投下されました。

(5)　疎開は，都市部の小学生を中心に行われました。

思考力トレーニング　㋐は配給制で食料が制限されている様子，㋑は学校で戦争の訓練が行われている様子，㋒は勤労動員で工場で働く女子生徒の様子です。下線の標語は，食料品や日用品などくらしの制限を呼びかける意味でつくられた言葉なので，配給制に関する資料が最も深く関係します。

13 戦後の日本

標準レベル＋ 60～61ページ

[1] ① ポツダム宣言 ② 戦後改革
③ サンフランシスコ平和条約
④ 日中平和友好条約 ⑤ 冷戦

[2] ① 高度経済成長 ② バブル経済
③ 三種の神器 ④ (東海道)新幹線

ポイント 第二次世界大戦後，日本は戦後改革を進め，1951年に結んだサンフランシスコ平和条約で独立を回復しました。1955年ごろから，高度経済成長が始まると，国民生活も向上し，電化製品が一般の家庭にも広まりました。1964年には東京オリンピック・パラリンピックが開かれて，日本の復興を世界に伝えました。世界では，第二次世界大戦後に始まった冷戦が1989年に終わりましたが，各地で起こる戦争や紛争は現在も大きな課題となっています。

ハイレベル＋＋ 62～63ページ

❶ (1)① アメリカ(合衆国)
②A 軍隊
B 財閥
C 20
③[例] 自分の土地を持つ農家の割合が大きく増えた。
(2) ㋒
(3) 国際連合
(4) ㋐
(5)[例] アメリカを中心とする西側(資本主義の国々)とソ連を中心とする東側(社会主義の国々)による，直接の戦争を行わない対立。

❷ (1)① ㋐
② ㋒
(2)[例] 株や土地の価格が異常に高くなる経済状態。
(3) 三種の神器 ㋑，㋓，㋕
3C ㋐，㋒，㋔
(4) (東京)オリンピック(・パラリンピック)

思考力トレーニング [例] 1946年の選挙で，有権者数が増えたのはなぜですか。

考え方

❶ (1) 戦後改革は，アメリカを中心とするGHQ(連合国軍最高司令官総司令部)のもとで進められました。農地改革は，自分の土地を持つ農家を増やすことで，農村の民主化を進めようとするねらいがありました。

(2) 沖縄が日本に復帰したのは1972年，日本国憲法の公布は1946年でした。また，アメリカ軍基地は，日米安全保障条約が結ばれたことで，日本に残されました。

(3) 国際連合は国際連盟に代わって1945年につくられました。日本の国際連合の加盟に反対していたソ連と日ソ共同宣言を出して国交を回復したことで，日本は1956年に国際連合に加盟することができました。

(4) 日中平和友好条約は，福田赳夫内閣のときに中国との間で結ばれました。

(5) 冷戦では，アメリカとソ連が直接の戦争をすることはありませんでしたが，両国は核兵器を含めた軍事力の拡大を進め，1962年のキューバ危機のように核戦争になりかけたこともありました。

▼戦後に結ばれた主な条約

1951年	サンフランシスコ平和条約 日米安全保障条約
1956年	日ソ共同宣言
1960年	日米安全保障条約 改定
1965年	日韓基本条約
1972年	日中共同声明
1978年	日中平和友好条約

❷ (1) 高度経済成長とは，1955年ごろから1973年までの経済成長率が年平均10%程度だった期間です。また，バブル経済とは，1980年代後半から1991年までに起きた株と土地

の価格が異常に高くなる経済状態のことです。

(2) バブル経済は，産業がそれほど成長していないのに，株などの価格がバブル（泡）のようにふくれあがる不自然な好景気でした。バブルが崩壊したあとの日本は，長期にわたって不景気になりました。

(3) 1950年代後半から白黒テレビ，電気冷蔵庫，電気洗濯機が人気になり，1960年代ごろからカラーテレビ，クーラー，自動車が多くの家庭に広まり始めました。

(4) 東京オリンピック・パラリンピックは，1964年と2021年の2回行われました。

💡思考力トレーニング 資料を見ると，戦後改革が始まった1945年の翌年の選挙で有権者が大きく増えていることがわかります。これを問うような問題文をつくりましょう。

14 日本国憲法と基本的人権

標準 レベル+　　64〜65ページ

1 ① 平等権　　② 自由権
③ 社会権　　④ 参政権
⑤ 税金

2 ① 基本的人権の尊重　　② 平和主義
③ 憲法改正の発議　　④ 象徴

ポイント 日本国憲法には，国民主権，基本的人権の尊重，平和主義の3つの原則があります。また，憲法には，平等権，自由権，社会権，参政権など，様々な人権が定められています。

ハイ レベル++　　66〜67ページ

❶ (1)① 平等権　　② 参政権
(2)① 精神の自由　　② 経済活動の自由
③ 身体の自由　　④ 精神の自由
(3)例 健康で文化的な最低限度の生活を送る権利。
(4)①A （普通）教育
B 仕事〔職業〕
C 税金
② ウ

❷ (1) 国民主権
(2)例 日本国と日本国民のまとまりの象徴。
(3) 第9〔九〕条
(4) 自衛隊
(5) ウ→ア→イ→エ

思考力トレーニング 例 他国とくらべて，日本の働く女性の割合が30〜39才あたりの年齢で低いことが問題である。子どもが生まれてからも仕事がしやすいように，育児休業のしくみや保育施設を整備する必要がある。

考え方

❶ (1)① 日本国憲法第14条1項に法のもとの平等が定められています。平等権は基本的人権の土台となる権利です。

② 参政権には，選挙で投票する権利のほかに，選挙に立候補する権利なども含まれます。

(2) 精神の自由には，宗教を信じる自由や，自分の考えを表現する自由があります。身体の自由には法律にない罪には問われない自由などがあります。経済活動の自由には，職業を選択する自由や，財産の保障などがあります。

(3) 生存権の保障にもとづいて，生活に困っている人々を援助する生活保護などの制度が整えられています。

(4)② 日本国憲法に定められた国民の義務は，普通教育を受けさせる義務（26条），勤労の義務（27条），納税の義務（30条）です。普通教育を受けさせる義務と勤労の義務は，教育を受ける権利と仕事について働く権利と同じ条文にもとづいて定められています。

❷ (1) 国民主権にもとづく制度には，国会議員を国民が選挙で選ぶことなどがあります。

(2) 天皇は国や国民全体の象徴として，内閣の助言と承認のもと，憲法が定める国事行為のみを行います。

(3) 日本国憲法第9条では，戦争の放棄と軍隊を持たないこと，交戦権の否認が定められています。

(4) 自衛隊は，国際平和協力法（PKO協力法）のもと，海外に派遣されたことがあります。

(5) 憲法改正の手続きでは，憲法審査会または衆議院議員（100人以上，参議院議員の場合は50人以上）の賛成を受けた改正原案を国会に提出することができます。

思考力トレーニング 日本の働く女性の割合が30〜39才あたりで低いことが資料から読み取れます。このように，女性は雇用などにおいて，男性よりも機会が少ないことが男女平等の面で問題になっています。出産や育児の負担は大きな理由の1つと考えられます。働きやすい環境を整える対策を考えてみましょう。

15 国の政治

標準レベル＋ 68～69ページ

[1] ① 衆議院　② 参議院
③ 小選挙区　④ 比例代表　⑤ 18

[2] ① 立法　② 予算　③ 改正
④ 委員会　⑤ 本会議

ポイント 日本の国会は衆議院と参議院から構成されます。定数や選挙制度が異なることで，片方の議院の行きすぎを防ぐことや国民の意見が国会に広く届けられることが期待されています。

標準レベル＋ 70～71ページ

[1] ① 解散　② 条約
③ 内閣総理大臣　④ 国務大臣
⑤ 財務省　⑥ 文部科学省

[2] ① 裁判員　② 憲法

[3] ① 国会　② 内閣　③ 裁判所
④ 衆議院　⑤ 法律

ポイント 現在の日本の政治は大きく３つに役割を分ける三権分立の形をとっています。このような体制は，18世紀にフランスの思想家であるモンテスキューが提案した政治のしくみに影響を受けています。

ハイレベル＋＋ 72～73ページ

[1] (1) ㋐
(2)① 小選挙区(制)　② 比例代表(制)
(3) 18
(4)① 法律　② 本会議
(5) 国会議員　(6) 予算　(7) ㋓

[2] (1) ㋐，㋒　(2) 裁判員制度
(3)①A 行政　B 司法
②[例] 国会がつくった法律が憲法に違反していないかを判断する。

思考力トレーニング [例] 三権と国民のつながりにおいて，内閣がほかの2つとは異なるのはどのような点でしょうか。

考え方

[1] (1) 参議院の議員の人数は衆議院より少ないです。
(2) ②は，各政党が，得られた票の多さに比例した人数の代表者を送り込むことができるので，比例代表制といいます。
(3) 18才の成人になれば，性別に関係なく投票できる権利があります。
(4)① 「立法」とは「法律をつくる」という意味です。
② 本会議は，衆議院と参議院それぞれの議員全員が参加できる会議です。
(5) すべての国会議員が，内閣総理大臣にふさわしいと思う国会議員に投票します。
(6) 税金などのお金が入ってくる見通しや使う計画を１年ごとに決めます。
(7) 憲法改正の発議のあと，国民投票で過半数の賛成を得ないと憲法の改正はできません。

[2] (1) ㋑は国会の役割です。㋓は「参議院」ではなく「衆議院」です（参議院は解散の制度がありません）。㋔は，内閣が提出した案をもとに，国会が審議して決定します。
(2) 裁判員は，18才以上の国民の中から，くじなどで選ばれます。１回の裁判を，３人の裁判官と６人の裁判員で受けもちます。
(3)② 裁判所の頂点である最高裁判所は，国会がつくった法律や，内閣が行った実際の政治が日本国憲法に違反していないかを最終判断できるただ１つの存在なので，「憲法の番人」と呼ばれます。

思考力トレーニング 世論とは，多くの人々が共通して持つ意見のことです。テレビやインターネットなどを通じて世の中に広まります。政治家は世論を気にしながら政治を行いますが，選挙や国民審査のように憲法や法律で定められた制度ではないので，世論が必ず内閣の仕事に影響をあたえられるとは限りません。

16 地方の政治と様々な税金

標準レベル＋　74〜75ページ

[1] ① 選挙　② 知事
③ 条例　④ 予算

[2] ① 税金　② 消費税　③ 住民税
④ 社会保障

ポイント 社会保障とは，年をとったり，病気になったり，仕事を失ったりしても，健康で文化的な生活を送れるように，国が人々を助けるしくみです。代表的なものが医療保険（健康保険）で，保険料をはらうと「保険証」をわたされて，それを病院で見せると診察の料金が安くなります。

ハイレベル＋＋　76〜77ページ

❶ (1) 地方自治
(2)[例] その市区町村の住民が選挙によって選ぶ。
(3) ㋑，㋒
(4)① (都道府県)議会　② 知事
(5)[例] 市役所は国と県に補助金を申請し，国と県は市役所に補助金をわたした。

❷ (1)① 消費税　② 住民税
③ 所得税　④ 固定資産税
(2)①[例] 国が借金をして得たお金。
② ㋑

思考力トレーニング [例] 2022年度の方が税金・印紙の割合が低く，公債の割合が高い。

考え方

❶ (2) 市区町村議会議員と市区町村長はどちらも，住民の選挙によって選ばれます。同じように都道府県でも，都道府県議会議員と知事はどちらも，住民の選挙によって選ばれます。

(3) ㋐…住民は，都道府県庁や市・区役所，町・村役場とも意見交換できます。また，国の政策と関係がある場合は，国と意見交換することもあります。㋓…都道府県議会に条例案の提出ができるのは，都道府県知事や議員です。

(4)① 都道府県・市区町村の条例は原則として，その都道府県・市区町村の議会しか定めることができません。国の法律は国会しか定めることができないのと似ています。

② 条例の案は，知事・市区町村長が提出することが多いです。なお，一定の条件を満たせば，議会の議員も提出できます。

(5) 児童館は通常，都道府県や市区町村が地域に合わせてつくりますが，子どもの成長を応援するという国の方針にも合うことなどから，国から資金の補助が受けられます。

❷ (1)① 商品を売った店は，商品にかかった消費税を国や地方に納めます。しかし，店は消費税を含めた値段で商品を売るので，実際に消費税を負担しているのは，商品を買った人になります。

② 住民税は，その地域に住む人たちが負担するものです。

③ 所得税は収入が多い人ほど納税額が高くなります。

④ 「固定資産」とは，土地や建物のような，動かせない(固定された)資産のことです。

(2)① 公債とは，国や都道府県・市区町村の借金のことです。

② Bは社会保障です。また，㋐は公共事業，㋒は教育・文化・科学，㋓は地方財政にそれぞれあてはまります。

思考力トレーニング 1972年度は高度経済成長のさなかで，国には多くの税金が入ってきたので，あまり借金をしなくても，たくさんの公共事業が行えました。それによって人々の仕事が増え，ますます経済が成長していました。

17 消費と流通

標準レベル +　　78〜79ページ

1　① 財　　　　　　② サービス
　　③ 貯蓄（ちょちく）　④ 製造物責任法
　　⑤ 消費者庁（ちょう）

2　① 卸売市場（おろしうり）　② ＰＯＳ（ポス）
　　③ 倉庫業（そうこぎょう）　④ 広告業

ポイント　消費者は，生産者にお金を払（はら）って商品を購入（こうにゅう）します。このような生産と消費のしくみを経済（けいざい）といい，その中で消費者の権利（けんり）を守るため，さまざまな法律（ほうりつ）やしくみが整えられています。また，商品が生産者から消費者に届（とど）く流れを流通といい，運送業や倉庫業などの産業が関わっています。

ハイレベル ++　　80〜81ページ

❶ (1)① A　⑦, ⑤
　　　　 B　④, ⑨
　　② 例　形のある商品は財，形のない商品はサービスである。
　(2)① 非消費支出　② 消費者主権（しゅけん）
　　③ a　⑨
　　　 b　④
　　　 c　⑦
　(3)　消費者庁（ちょう）

❷ (1)　せり
　(2)　⑨
　(3)① ⓔ
　　　② バーコード
　(4) 例　流通にかかる費用をへらすことができる。〔生産者や小売業者の利益（りえき）を増やすことができる。〕〔商品の値段（ねだん）を下げることができる。〕

💡思考力トレーニング　例　Aさんの毎月の非消費支出はいくらですか。

考え方

❶ (1)　サービスでは，電車に乗ることで移動時間を短くできるという利益や，映画を観て楽しむ体験に対して，お金を支払（しはら）っています。

　(2)① 家計からの支出は，生活に必要な商品（財とサービス）にお金を払（はら）う「消費支出」，税金や社会保険料にお金を払う「非消費支出（しゅうにゅう）」，収入から消費支出と非消費支出を引いた残りで，将来（しょうらい）に備えてお金をためる「貯蓄（ちょちく）」に分けられます。
　　② 消費者主権を実現するため，様々な法や制度が整えられています。
　　③ ａの場合，購入（こうにゅう）から8日以内であれば，クーリング・オフ制度を利用して契約（けいやく）を解除（かいじょ）することができます。ｂの場合，消費者契約法（けいやく）によって契約を取り消すことができます。ｃの場合，製造物責任法（ＰＬ法）では企業（きぎょう）の責任を定めており，商品でけがをした人は企業に賠償（ばいしょう）を求めることができます。
　(3)　消費者庁は，それまで各省庁がばらばらに行ってきた消費者政策（せいさく）をまとめて行う庁（ちょう）として新しくつくられました。

❷ (1)　せりによって，生産者は自分の商品をより高く売ることができます。
　(2)　流通とは，商品が生産者から消費者に届（とど）くまでの流れをいいます。商品を運んだり保管したりする運送業や倉庫業のほかに，運送中の事故の補償（ほしょう）をする保険業や，消費者に商品を宣伝（せんでん）する広告業も含（ふく）まれます。
　(3)　ＰＯＳ（ポス）システムは，商品の販売（はんばい）情報を集めることで，効率的な販売や商品の運送に役立てることができます。
　(4)　卸売業者（おろしうり）を経由しないことで，その分の費用をへらすことができます。

💡思考力トレーニング　資料を見ると，収入から15万円の消費支出と5万円の貯蓄（ちょちく）を引くと，残りの7万円が非消費支出になることがわかります。これを問う問題文をつくりましょう。

18 お金の働きとものの価格

標準レベル＋　82～83ページ

1 ① 紙幣　② 硬貨　③ 保存
④ 交換　⑤ ユーロ　⑥ 円高

2 ① 上がる　② 下がる
③ 寡占　④ 公共料金

ポイント わたしたちは，お金を使って商品を売り買いして，経済活動を行っています。お金は国によって通貨が異なっており，それらを交換する際の為替相場は各国の経済などによって変動し，貿易に大きな影響をあたえます。また，価格は商品の量とその商品を買いたいと思っている人の数などで変動しますが，国民生活に関わりの深いものの価格は，国による決定や認可が必要な公共料金になっています。

ハイレベル＋＋　84～85ページ

1 (1) 硬貨
(2) 現金通貨
(3) 預金通貨
(4)① ㋒
② ㋐
③ ㋑
(5) ㋒
(6)① 円安
②[例]（ドルに対して）円の価値が高くなる。

2 (1) ㋒
(2)①[例] 少数である状態
② 公正取引委員会
(3) ㋓

思考力トレーニング ㋐

考え方

1 (1) 現在，日本に流通する硬貨は，1円，5円，10円，50円，100円，500円です。それに対して1000円，2000円，5000円，10000円のような紙でできたお金は，紙幣といいます。
(2) 現金通貨は，偽造防止などのために，ある程度の期間がたつとデザインが変えられます。
(3) 預金通貨は，主に企業間の取り引きで使われます。
(4) お金のない時代は，物々交換で取り引きを行っていましたが，ほしいものと提供できるものが一致しないと取り引きが成立しないなど，大きな制約がありました。
(5) 元（人民元）は中国，ユーロは主にヨーロッパの国々，ドルは主にアメリカで使用されているお金です。
(6) 為替相場によって外国のお金よりも円の価値が高くなることを円高，円の価値が低くなることを円安といいます。

▼主な外国のお金の例

●アメリカ…ドル
●ドイツ…ユーロ
●イギリス…ポンド
●ロシア…ルーブル
●韓国…ウォン
●中国…元（人民元）
●ブラジル…レアル
（2023年1月現在）

2 (1) 資料1を見ると，トマトの入荷量が多い時期は価格が安く，入荷量が少ない時期は価格が高くなっていることがわかります。
(2) 商品を売る企業が少数になると，価格が不当に高い独占価格や寡占価格となることがあります。このようなことを防ぐため，公正取引委員会によって監視が行われています。
(3) 公共料金の制度によって，水道，電気，ガスのような人々の生活に必要不可欠なものや公共性の高いものの価格が不当に高くならないようにしています。

思考力トレーニング コンビニエンスストアは売り上げの上位3社で約90%の割合を占めている寡占状態です。それにくらべて，スーパーマーケットや百貨店は上位に含まれない「そのほか」の会社が50%以上の割合を占め

ているので，寡占にはあてはまりません。コンビニの寡占化が進んだ理由には企業同士の統合が進んだことなどが挙げられます。

▼寡占化の進む主な日本の業界

●コンビニエンスストア
●ビール
●携帯電話サービス
●薄型テレビ
●宅配便

社会のヒトコト

　人類は川や海などに近い地域を中心に文明を発達させました。エジプトではナイル川，ギリシャ・ローマでは地中海，中国では黄河・長江が文明の起源になったとされています。このような環境は農耕や牧畜を行いやすいこともあり，人々は安定して食料を得ることができるようになりました。発達した文明では大きな力を持った権力者が地域を支配するようになり，現代まで残る様々な建造物が建てられました。

▼ナイル川（エジプト）

▼黄河（中国）

▼地中海（ギリシャ）

社会のヒトコト

　室町時代に将軍のあとつぎなどをめぐる応仁の乱（1467年）が起きると幕府は力を失い，戦国大名が全国各地に登場しました。戦国大名は領地をめぐって近くの大名と争い，天下統一をめざしました。争いにおいて，城は敵の攻撃から守るための施設であるほかに，必要な武器や食料をたくわえる重要な役割がありました。争いに有利になるように，独自の城を築く戦国大名も多くいました。

▼有名な戦国大名

●上杉謙信（1530〜1578）
越後（現在の新潟県あたり）を治めた大名。甲斐（現在の山梨県あたり）の大名・武田信玄の宿敵として約12年にもわたって川中島の戦いを行いました。ちなみに，敵対していた武田信玄が塩の入手に困っているときに，塩を送ってあげたという伝説があり，このことから「敵に塩を送る」ということわざが生まれました。

●島津貴久（1514〜1571）
薩摩（現在の鹿児島県あたり）を支配した大名で，島津家が大きな力を持つための基礎を築きました。1543年に種子島に伝来した鉄砲を早くから戦いで使用していたとされています。1549年には，来日したフランシスコ・ザビエルと面会をして，キリスト教の布教を許しました。

社会のヒトコト

わたしたちの生活の中には，様々な商品（財やサービス）があふれています。それらの生産を目的としてつくられた組織が会社と呼ばれます。会社は商品を生産して消費者に売ることで利益を得ます。会社がどのようにして商品の生産・販売などの活動を行っているのか確認してみましょう。

● 様々な会社

自動車の生産や販売，コンビニエンスストアでの販売やサービス，建物の建設，洗濯機などの電化製品の生産や販売，郵便など，様々な商品が会社によって提供されています。自分の身の回りにある商品にどんな会社が関わっているのかを調べてみましょう。

● お弁当屋さんの会社をつくろう！

① 会社として活動をするには，商品を生産する設備や商品の原料などをそろえるためのお金が必要になります。活動に使えるお金が多ければその分，活動の規模を広げることができます。お金の用意のしかたには，自分の持っているお金を使う方法のほかに，銀行などの金融機関から借りる方法もあります。借りたお金はのちに返す必要があるので，事業に失敗する可能性や負担を考えながら借りることが重要です。

② お弁当の購入者は様々な要素から商品を判断します。値段の安さを重視して買う人もいれば，お弁当の味を重視する人もいます。どのような商品をつくれば買ってもらいやすいのかを考えてみましょう。また商品の生産には原料の費用などがかかります。高い費用がかかる商品を生産する場合は，費用を負担できるだけのお金があるのかどうかにも注意しましょう。

③ お店を出店する場所は，商品の売り上げを左右する要素の1つです。デパートのような人が多い場所では商品を手に取ってもらえる機会が多くなりますが，お店の場所を借りる費用は高くなります。一方で，キッチンカーやデリバリーのような形態では，お店の場所などにかかる費用は少なくなりますが，多くの人にお店の存在を知ってもらえるかどうかが重要になります。

④ 商品を売るためには，お店や商品について多くの人に知ってもらう必要があります。チラシを配るような宣伝は多くの費用をかけずに行うことができますが，限られた一部の地域にしか宣伝をすることができません。SNS（ソーシャル・ネットワーキング・サービス）や新聞に広告をのせてもらえれば多くの人の目にとまる可能性が高くなりますが，宣伝のための費用はチラシよりも高くなることが多いです。近年では，人気や知名度のあるYouTuber（ユーチューバー）などに動画配信で商品の宣伝をしてもらう方法も多くなりつつあります。

❶ (1)①A　十七条の憲法

　　　B　冠位十二階

　　②例　隋（中国）と国交を結び，新しい政治制度や文化を取り入れようとしたから。

　(2)　ウ

　(3)（いずれか１つを解答）

解答例①

　　名前：聖武天皇

　　説明１：例　仏教の力を借りて国を安定させるため，東大寺を建てて大仏をつくった。

　　説明２：例　中国の唐の影響を受けた天平文化が栄えた。

　　関係する資料：②

解答例②

　　名前：平清盛

　　説明１：例　武士で初めて太政大臣になった。

　　説明２：例　中国の宋と貿易を行った。

　　関係する資料：③

解答例③

　　名前：北条時宗

　　説明１：例　鎌倉幕府の執権となった。

　　説明２：例　中国の元との戦いで，日本の武士を統率した。

　　関係する資料：①

解答例④

　　名前：足利義満

　　説明１：例　室町幕府の３代将軍となった。

　　説明２：例　中国の明との間で貿易（勘合貿易）を行った。

　　関係する資料：④

解答例⑤

　　名前：豊臣秀吉

　　説明１：例　北条氏をほろぼし，天下統一をなしとげた。

　　説明２：例　中国の明の征服をめざして朝鮮に出兵した。

　　関係する資料：⑥

解答例⑥

　　名前：徳川家光

　　説明１：例　鎖国を完成させた。

　　説明２：例　参勤交代の制度を正式に定めた。

　　関係する資料：⑤

　(4)　聖武天皇→平清盛→北条時宗
　　　→足利義満→豊臣秀吉→徳川家光

❷ (1)A　エ

　　　B　ア

　　　C　ウ

　(2)　エ

　(3)①例　買いたい量が増える

　　②　A

　(4)①　ウ

　　②　消費税

　　③例　選んだ支出：ア
　　　改善されること：高齢者１人あたりの年金の金額を増やせる。

考え方

❶ (1)① 十七条の憲法には，仏教や儒学の考え方が取り入れられていました。また，冠位十二階は，色で地位を表した冠を授けることで，家柄よりも能力や実績を見て役人を取り立てました。

　　② 聖徳太子が隋（中国）の皇帝に送った国書は対等な関係を求めたものだったため，アジアの広い地域で大きな力を持っていた隋の皇帝を怒らせたといわれています。

　(2) アの清少納言の「枕草子」は随筆（自分の生活のことなどを自由に書いた文），エの樋口一葉の「たけくらべ」は小説です。また，イの雪舟は室町時代の絵師ですが，「国際色豊かな仏教文化」というのは奈良時代の天平文化の説明で，時代が合っていません。

　(3)(4) 聖武天皇は奈良時代，平清盛は平安時代，北条時宗は鎌倉時代，足利義満は室町時代，豊臣秀吉は安土桃山時代，徳川家光は江戸時代に活やくした人物です。また，資料３の①は元との戦いをえがいた「蒙古襲来絵

詞」，②は東大寺の大仏，③は平清盛が信仰した厳島神社，④は足利義満が建てた金閣，⑤は武家諸法度の条文，⑥は刀狩の様子の想像図です。

❷ (1) キリスト教は鉄砲とほぼ同じころに日本に伝わりました。室町幕府をほろぼし安土城を建てたのは織田信長，初めて全国で検地を行ったのは豊臣秀吉，参勤交代の制度を定めたのは徳川家光です。

(2) 農林水産省は内閣のもとにある省の1つで，行政に含まれます。行政が行ったことが憲法や法律に違反していないかを判断して，違反をしていた場合に判決によって無効にできるのは，司法の役割である裁判所の権限です。

(3)① 売り手の気持ちについては「値段が下がったら売りたい量がへると思います」と書かれているので，買い手の気持ちについても表現を合わせて答えましょう。

② 手間をかけずに収穫が増やせる品種が広まったら，売り手である農家は，収穫が増えた分も出荷して売り上げを増やそうと考えます。したがって，図3のうち「売り手の気持ち」の線が，量が多い方である右（Aの方向）へ動きます。

(4)① グラフの「売り手の気持ち」と「買い手の気持ち」の線が交わる点では，最も売り買いのバランスが取れた状態になります。㋐売り手は買い手の値段の要求に従う必要はありません。㋑商品の値段は買い手の気持ちに大きく影響します。㋓公共料金として設定されているのは，生活に必要な一部のものであり，市場の商品の一部にしかあてはまりません。

▼商品の値段と量の関係

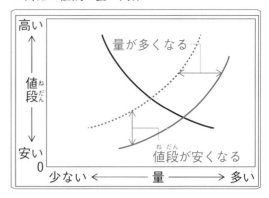

③ ㋑を選んだ場合は「国の借金を早く返せる（借金をへらせる）ようになる」，㋒の場合は「傷んだ道路や橋などの修理やつくり直しを進められる」，㋓の場合は「日本の科学研究が活発になる」のような答えが考えられます。ただし，経済の伸びなやみが長く続いて税収が増えず，国の借金が増え続けているという課題のある日本にとっては，歳出（支出）を増やすことは簡単ではありません。

しあげのテスト(1)　巻末折り込み

1 (1)Ⓐ 縄文（時代）
　　Ⓑ 弥生（時代）
　　Ⓒ 古墳（時代）
　(2)Ⓐ ⓘ
　　Ⓑ ⓦ
　　Ⓒ ⓐ
　(3)例 縄目の文様がついていた。
　(4) ⓘ
　(5)勢力の名前　大和政権〔大和朝廷〕
　　　勢力の王　大王
　(6)時代　Ⓑ
　　　人物名　卑弥呼

2 (1) ⓦ
　(2) 大化の改新
　(3) 平城京
　(4) ⓐ
　(5)① 平清盛
　　② 宋
　(6)例 全国（西国）におよぶ
　(7) ⓔ
　(8)① ⓤ
　　② ⓞ
　　③ ⓚ

3 (1)① ⓘ
　　② 北朝
　(2) 足利義満
　(3) 狂言
　(4)例 浄土真宗（一向宗）を信じる
　(5) 長篠の戦い
　(6)① （テーマ）3
　　② （テーマ）5

4 (1) ⓦ
　(2) 五街道
　(3)① 寛政の改革　② 田沼
　(4)① ⓔ　　② ⓦ
　　③ ⓘ
　(5)例 薩摩藩と長州藩を仲立ちして薩長同盟を
　　　実現させた。

ひらめきトピックス 平清盛

考え方

1 (1) 縄文時代の人々は狩りや採集を中心とした生活をしていましたが、弥生時代には米づくりがさかんに行われるようになりました。また、古墳時代には大きなくにができて、王や豪族の大きな墓がつくられました。
　(2) ⓐのような古墳を前方後円墳といいます。ⓘのようなたて穴住居は、弥生時代以降もつくられました。ⓦは湿気やねずみなどによる食料の被害を防ぐためにつくられた高床倉庫です。
　(3) 縄文土器は、食料をにたり、保管したりするために使われました。
　(4) 争いに勝利したむらが周辺のむらを従えて、くにとなりました。
　(5) 大和政権〔大和朝廷〕は、中心となる大王に、近畿地方を中心とした有力な豪族が従う強力な政権でした。
　(6) 卑弥呼は中国の魏に使いを送り、贈り物をしたことから、中国の歴史書に記録が残されていました。

2 (1) 公地・公民の制度は、645年に始まった大化の改新で整えられました。
　(2) 大化の改新は、天皇中心の政治をめざして行われた政治改革です。
　(3) 平城京は現在の奈良県奈良市付近にあった都で、唐の都の長安にならってつくられました。
　(4) Ⓓの時代、都では藤原氏による摂関政治が全盛期をむかえており、貴族は寝殿造のやしきではなやかな生活を送っていました。
　(5) 平清盛は武士で初めて太政大臣となり、中国の宋との貿易を進めるなど大きな力を持ちました。
　(6) 承久の乱は、朝廷が鎌倉幕府に敗れた戦いです。この戦いによって、朝廷の影響力が強かった西国の国々まで、鎌倉幕府の力がおよぶようになりました。
　(7) 元による1度目の襲来である文永の役では、九州の北部に上陸した元軍が火薬兵器や集団戦法で日本の武士たちを苦しめました。また、

戦いのあとに幕府は十分なほうびを武士にあたえることができなかったため，武士の不満が高まりました。

(8) 遣唐使の停止は894年，源頼朝が征夷大将軍になったのは1192年，御成敗式目の制定は1232年のことです。

3 (1) 後醍醐天皇による建武の新政は，天皇や貴族を中心とした政治だったために武士の反発が高まり，足利尊氏の反乱へとつながっていきました。

(2) 足利義満は南北朝の争いが収まったあと，太政大臣となり明との貿易を始めるなど，大きな力を持ちました。

(3) 狂言は民衆の感情を表したものが演じられました。

(4) 加賀国（現在の石川県南部）の一揆は浄土真宗（一向宗）を信じる人々が起こしたため，一向一揆といいます。

(5) 長篠の戦いは1575年に起きました。

(6) ①の雪舟のすみ絵〔水墨画〕は，室町時代の代表的な文化です。また，②の刀狩と検地を全国で行ったのは豊臣秀吉です。

4 (1) スペイン船の来航禁止や参勤交代の制度化，長崎の出島の建設は，徳川家光が将軍だったころのできごとです。

(2) 五街道は，東海道・中山道・甲州街道〔甲州道中〕・奥州街道〔奥州道中〕・日光街道〔日光道中〕を合わせた呼び名です。

(3) 資料は松平定信の厳しい政治に苦しむ人々が，田沼意次の政治をなつかしんでいる様子をよんだ歌です。このように世の中の様子を面白く表現する歌を，狂歌といいます。

(4) 島原・天草一揆は長崎県の島原半島を中心とした地域で起きた戦いです。また，大塩平八郎の反乱は大阪で起きました。日米和親条約では静岡県の下田と北海道の函館を開港しました。

(5) 薩摩藩は，薩長同盟が結ばれると，江戸幕府の長州藩への出兵に反対するなど，長州藩とともに江戸幕府と対立するようになりました。

ひらめきトピックス

③②な	か	の	①お	お	え	の	お	う	じ	だ
か	か	と	の	ぞ	く	く	た	ろ	ん	つ
と	し	の	の	な	ん	む	か	ん	の	う
み	と	な	い	⑦た	ぬ	ま	お	き	つ	ぐ
の	た	つ	⑨も	と	お	り	の	り	な	が
か	つ	め	こ	し	こ	や	④ぎ	わ	ま	は
⑧ま	え	の	り	よ	う	た	く	よ	へ	せ
た	い	ら	の	と	き	み	つ	い	う	あ
り	⑥ほ	う	じ	よ	う	ま	さ	こ	ゆ	き

しあげのテスト(2) [巻末折り込み]

1 (1) 3(%)

(2) ㋐→㋒→㋑

(3) ㋒

(4) 小村寿太郎

(5)① ㋐, ㋓

②[例] ドイツが権益を持つ地域を攻撃した

(6) 真珠湾

(7) [え]

2 (1) ㋐

(2) ㋒

(3) ソビエト連邦〔ソ連〕

(4) 三種の神器

3 (1) 象徴

(2)① 社会権

② 平等権

③ 参政権

(3) (第)9(条)

(4)[例] 各議院で総議員の3分の2以上が賛成すること。

4 (1)①A 25 B 30

② ㋒

(2) 文部科学省

(3) 3(回)

(4)① e

② b

(5)① 条例

②[例] 住民による選挙によって選ばれる。

5 (1)A 財 B サービス

(2)① ㋓

②[例] 訪問販売などで購入した商品は8日以内なら無条件で契約を解除できる制度。

(3) 卸売(業者)

(4)① 為替相場

② ㋐

[ひ][ら][め][き]トピックス 千利休

考え方

1 (1) 地租の税率は，のちに3％から2.5％に改められました。

(2) 立憲改進党の結成は1882年，第1回の衆議院議員選挙が行われたのは1890年，大日本帝国憲法の発布は1889年のことです。

(3) 日露戦争のあと，ポーツマス条約で賠償金が得られないことがわかると，それに不満を持った人々が日比谷焼き打ち事件を起こしました。㋐，㋑，㋓は日清戦争に関連するできごとです。

(4) 小村寿太郎はアメリカ，イギリス，ドイツ，フランスとの間で条約を改正し，関税自主権を回復しました。

(5) 第一次世界大戦は三国協商（イギリス，フランス，ロシア）と三国同盟（ドイツ，オーストリア，イタリア）の対立から始まりました。日本はドイツに宣戦布告をして，中国でドイツが権益を持っていた山東省などを攻撃しました。

(6) 日本軍は真珠湾を攻撃すると同時にイギリス領のマレー半島に上陸し，太平洋戦争が始まりました。

(7) 大正デモクラシーの風潮は，第一次世界大戦のあとに広まりました。

2 (1) ベルサイユ条約は第一次世界大戦の講和条約，ポーツマス条約は日露戦争の講和条約です。日本はサンフランシスコ平和条約を48か国と結びましたが，ソビエト連邦（ソ連）や中国などとは結びませんでした。中国とは1978年に日中平和友好条約を結びました。

(2) 戦後改革では，満20才以上の男女に選挙権が認められました。また，農地改革では，地主の土地が安く買い上げられ，小作農家に安くゆずられたことで自作農が増えました。教育の制度も変わり，小学校の6年間と中学校の3年間が義務教育となりました。

(3) 日本は1956年にソビエト連邦と日ソ共同宣言を出しました。冷戦では，ソビエト連邦を中心とする社会主義国は，アメリカを中心とする資本主義国と対立しました。

(4)「三種の神器」とは，元々は天皇に代々伝わる３つの宝物を示す言葉です。それらの宝物にたとえて，1950年代から急速に広まった３種類の家庭用電化製品を「三種の神器」と呼びました。1960年代からは３Ｃ（カラーテレビ，クーラー，カー〈自動車〉）が広まりました。

3 (1) 天皇は国や国民全体の象徴として内閣の助言と承認のもと，国事行為のみを行います。

(2) 日本国憲法では，平等権を土台として，自由権，社会権，参政権など様々な基本的人権が定められています。

(3) 日本国憲法第９条第１項では戦争の放棄，第２項では戦力の不保持と交戦権の否認が定められています。

(4) 総議員とは，国会に出席していない議員も含めたすべての議員のことをいいます。発議された憲法改正案に，国民投票で有効投票の過半数が賛成すると，改正が成立します。

4 (1)① 衆議院と参議院では選挙に立候補できる年齢や任期が異なっています。

② 法律案は，内閣や国会議員が各議院の議長に提出し，委員会で審議が行われます。また，国会議員は小選挙区制のほか，比例代表制などの選挙でも選ばれます。

(2) 文部科学省のもとには文化庁やスポーツ庁があります。

(3) 例えば，第一審が地方裁判所だった場合は，判決に不満ならば高等裁判所にうったえること（控訴）ができます。さらに高等裁判所の判決に不満だった場合は，最高裁判所にうったえること（上告）ができます。

(4) 国会，内閣，裁判所はそれぞれがたがいの権力を抑制し合っています。①は裁判所から国会への抑制，②は内閣から国会への抑制になります。

(5)① 地方の議会で定められた決まりを条例といいます。住民が署名を集めて，地方の首長に直接請求し，条例案を議会に提出させることができます。

5 (1) 財とは形のある商品，サービスとは形のない商品のことです。

(2) 製造物責任法はPL法ともいい，1994年に定められました。クーリング・オフ制度は訪問販売や電話勧誘などに限り，一定期間内であれば消費者側から無条件で契約を解除できる制度です。クーリング・オフは書面や電子メールなどで手続きを行うことができます。

(3) 近年は，流通の合理化で卸売業者をはさまず，小売業者が生産者から直接的に商品の仕入れをする例も増えています。

(4)① 為替相場は各国の経済状況などによって変動します。

② 商品の価格は，生産者の売る量（供給量）と消費者が買う量（需要量）によって変わります。

ひらめきトピックス

じ	さ	い	い	ん	し	⑨い	と	う	ひ	ろ	ぶ	み
わ	④お	ら	ご	の	か	だ	ま	ぷ	ろ	③あ	か	し
ら	だ	の	⑥う	た	が	わ	ひ	ろ	し	げ	ん	②む
⑦い	の	う	た	だ	た	か	が	か	ま	て	が	ら
こ	ぶ	た	か	ち	か	ち	が	ざ	ぶ	え	る	さ
な	な	つ	も	か	う	よ	い	ち	ご	け	ー	き
か	が	⑧ぺ	り	ー	①し	よ	う	と	く	た	い	し
ろ	あ	け	の	み	つ	ひ	で	て	ん	か	な	き
う	ま	い	つ	な	ま	よ	お	に	ぎ	り	す	ぶ

2 1 0 9 8 7 6 5 4
* * D C B A